J'ai essayé de décrire certains traits de ce à quoi ressemble la vie morale, sans rien dire de ce à quoi elle doit ressembler. Nos pratiques sont exploratoires, et c'est en vérité seulement par leur exploration que nous en venons à une vision complète de ce que nous pensions, de ce que nous voulions dire.

Cora Diamond, L'esprit réaliste

Décoloniser le féminisme

SOUMAYA MESTIRI

Décoloniser le féminisme

Une approche transculturelle

La vie morale

VRIN

Ouvrage publié avec le soutien du Centre de philosophie contemporaine de la Sorbonne de l'université Paris 1 Panthéon-Sorbonne.

Directrice de collection :
Sandra Laugier

© Librairie Philosophique J. VRIN, 2016

Imprimé en France

ISSN 2272-3781

ISBN 978-2-7116-2693-9

www.vrin.fr

A la mémoire d'Abdelkrim (1933-2010),
qui m'a enseigné le féminisme et appris la dignité

A Leila, l'anti-cliché orientaliste

Demeure seul,
ou alors, si tu choisis l'amitié, accepte l'ami tel qu'il est
Bachar ibn Burd, poète
et libre-penseur arabe, 714-784.

PROLOGUE

1. De la quête de l'égalité, avec les précurseurs Mary Wollstonecraft et John Stuart Mill (en passant par des personnages hauts en couleur comme Olympe de Gouges ou Pauline Léon) à la conquête de la liberté, avec Simone de Beauvoir, figure emblématique de la lutte pour les droits de la femme, le féminisme occidental s'est construit progressivement avec des femmes et des hommes qui s'élevaient contre la hiérarchie masculine et la prégnance de la tradition. Il s'agissait de rompre définitivement avec la volonté masculine d'une modernité androgyne et d'affirmer la liberté et l'égalité comme des valeurs asexuées. C'est ainsi qu'est né un féminisme proprement *libéral*, attaché à la défense de la liberté individuelle et à la lutte contre l'assignation sexuelle des rôles sociaux.

Cette histoire est néanmoins biaisée à un quadruple niveau. *D'abord* parce qu'elle occulte l'apport des véritables pionniers et pionnières qui inaugurèrent l'histoire de la résistance féministe à l'aube de la modernité occidentale comme la poétesse et philosophe Christine de Pisan (ou Pizan) au XVe siècle[1], la femme de lettres Marie de Gournay[2] et le philosophe François Poulain de la Barre au XVIIe siècle[3]. Parce qu'elle passe totalement sous silence, *ensuite*, la contribution des femmes indigènes qui constituèrent le fer de lance de la résistance anticoloniale contemporaine, comme la nigériane Madam Efunroye Tinubula, figure emblématique de la lutte contre

1. Christine de Pizan, *La cité des dames*, 1405, rééd., Paris, Stock, 1986. Texte traduit et présenté par Th. Moreau et E. Hicks.

2. Marie de Gournay, *Egalité entre des hommes et des femmes*, 1622; *Le Grief des femmes*, 1626. Ces deux titres ont été réédités en 2008 dans un volume commun, édition établie par Cl. Pinganaud et présentée par S. Auffret, Paris, Arléa, 2008.

3. François Poulain de La Barre, *De l'égalité des deux sexes*, 1673, rééd. Paris, Fayard, 1984; *De l'égalité des deux sexes. De l'éducation des dames. De l'exellence des hommes*, Paris, Vrin, 2011.

le colon britannique à la fin du XIXe siècle [1]. Parce qu'elle ne relaie *par ailleurs* en rien l'action des militantes féministes d'aujourd'hui, très souvent écologistes, qui se battent contre une certaine colonialité du pouvoir, telles l'hindoue Vandana Shiva [2] et la kenyane Wangari Muta Maathai [3]; citons aussi la guatémaltèque Rigoberta Menchú [4] ou l'aborigène Marcia Langton. Parce qu'elle refuse, *enfin*, de reconnaître l'influence des figures contemporaines du féminisme indigène, *chicanas* pourtant à la pointe des théories *queer*, comme Gloria Anzaldúa ou Maria Lugones voire arabes, comme l'égyptienne Nawal al-Saadawi. Ce dernier cas est extrêmement révélateur : très souvent mal comprise, récupérée par les laïcistes, Saadawi est pourtant la seule militante féministe arabe à fonder sa défense du féminisme sur une dénonciation en règle du système (un système qu'elle qualifie de patriarcal et de néo-colonial) déconstruisant ainsi les discours qui ont servi à construire les normes qui l'excluent en tant que femme [5].

Un certain récit colonial a ainsi préféré occulter la dimension proprement genrée de la femme indigène, choisissant d'en promouvoir une caricature tout à la fois déshumanisée, hypersexualisée et asservie. Femelle prédatrice fantasmée par le Blanc, la femme du (des) Sud(s) est simultanément présentée comme une pauvre créature dominée par le mâle autochtone, violent, agressif, et réflexivement, lui-même dé-virilisé.

---

1. Pour une présentation intéressante des principales figures du féminisme africain du XXe siècle, voir I. Berger, *Women in Twentieh-Century Africa*, Cambridge University Press, à paraître le 11 avril 2016.

2. Récipiendaire du Prix Nobel alternatif en 1993 « pour avoir placé les femmes et l'écologie au cœur du discours sur le développement moderne ».

3. Figure emblématique du féminisme d'Afrique noire qui défend la femme et les arbres avec la même conviction.

4. Prix Nobel de la Paix en 1992

5. « C'est très exactement cela qui lui permet d'affirmer qu'il n'y a strictement aucune différence entre une femme qui évoluerait nue en public et une femme voilée, toutes deux étant en réalité obsédées par leur corps. Le combat pour le dévoilement apparaît ainsi comme un faux combat : si l'on doit parler de dévoilement, dit-elle, c'est bien plutôt de celui de l'esprit », dans « Féminisme philosophique arabe », S. Mestiri, *Dictionnaire des Créatrices*, sous la direction de B. Didier, A. Fouque, M. Calle-Gruber, Éditions Des Femmes, Paris, version électronique à paraître.

Cette nécessaire révision de l'histoire du féminisme occidental apparaît d'autant plus légitime que depuis la deuxième moitié du siècle dernier, le féminisme a évolué, parfois radicalement, avec pour mot d'ordre un slogan qui résonne fortement à nos oreilles : reconnaître la différence. Ses défenseurs clament haut et fort que les théories classiques de la justice sont obsolètes, désuètes, incapables de rendre compte de la diversité de nos sociétés et de la complexité des identités individuelles à l'heure, notamment, de la pluriethnicité et du bouleversement des comportements sexuels. Ce n'est plus l'égalité, considérée comme nivelante, auxquelles les féministes aspirent, mais à la différence ; la liberté est un vain mot si elle n'est pas portée par un droit à la reconnaissance.

2. Ledit droit est naturellement envisagé et interprété de manière différente selon les convictions des unes et des autres. C'est précisément cet éclatement du féminisme qu'il importe de mettre en évidence. Ses partisans ne sont plus regroupés derrière un mot d'ordre unique ; et même si c'est encore parfois le cas, ils le font chacun pour des raisons différentes, en suivant parfois une ligne argumentative sensiblement divergente. Féminisme musulman, qui récuse l'idée d'un machisme typiquement religieux en invitant à une déconstruction minutieuse des sources scripturaires sacrées ; féminisme maternaliste, qui prône la supériorité morale des femmes sur les hommes en invitant à l'élaboration d'un modèle de citoyenneté typiquement féminin libéré de la rhétorique juridique ; multiculturalisme libéral féminin qui surfe sur la vague de la différence en expliquant qu'il est possible d'appréhender la diversité sans recourir à la culture [1] : rien ne semble plus différent d'une théorie féministe qu'une autre théorie féministe.

S'il devait néanmoins y avoir un point commun entre toutes ces façons d'envisager la différence au sein de la constellation féministe, ce serait sans nul doute leur capacité à reproduire les structures hégémoniques qu'elles prétendre pourtant combattre. Force est aujourd'hui de constater que le paradigme de l'égalité dans la différence a vécu en raison d'une tendance systématique chez les féministes à

1. On songe ici naturellement à Anne Philips, *Multiculturalism Without Culture*, Princeton, Princeton University Press, 2009.

proposer des alternatives qui ne déconstruisent pas les ressorts de la domination (même lorsqu'elles se prétendent déconstructives), élaborant ainsi des théories-pansements qui viennent se superposer à d'autres sans traiter le mal à la racine.

En se concevant ainsi comme autant de grilles de substitution qui viennent corriger toutes celles qui les ont précédées, les théories féministes négligent par ailleurs l'idée fondamentale selon laquelle c'est *aussi* en parvenant à penser la solidarité féminine que l'on aura de bonnes chances de venir à bout de la domination. Tout l'enjeu est naturellement de définir la manière d'envisager cette solidarité, de rechercher l'élément qui nous permettra de fédérer la différence sans l'annihiler.

3. C'est à l'occasion d'un travail sur le féminisme de Mill (en appendice dans le présent ouvrage) qu'une idée-force a commencé à faire son chemin dans mon esprit. Il m'est apparu que le féminisme millien, s'il devait exister, ne se trouvait pas *au cœur* de son libéralisme mais *au carrefour* d'un certain nombre d'influences *à la périphérie* de son engagement libéral, dans une synthèse d'éléments puisés à la fois dans la tradition concurrente mais aussi dans une certaine éthique du *care*. Et si la notion de *frontière* était à même de rendre compte de la solidarité que nous recherchions ? Si un « féminisme de la frontière » était envisageable, qui exploiterait les ressorts du vocable ? Limite, marge, borne, clôture, écart, séparation, intersection : autant de modalités qui permettent de rendre compte de la topographie du féminisme contemporain [1].

1. La notion de frontière, rapportée à la question féminine (et féministe) semble avoir déjà été thématisée par Chandra Talpade Mohanty dans *Feminism without Borders : Decolonizing theory, Practizing Solidarity*, Duke University Press, 2003. Mohanty explique en effet qu'elle a choisi de parler d'un « féminisme sans frontières » pour de multiples raisons. D'abord, parce que « cela fait penser à "Médecins sans frontières", une entreprise et un projet qui incarnent à la fois l'urgence et l'engagement internationaux » ; ensuite, parce que « faire partie de la génération postindépendance en Inde » permet de développer une « acuité » certaine relativement à la notion de frontière et de borne, s'agissant, plus précisément, des vestiges de la colonisation britannique, d'un côté, et des promesses non bornées, elles, de l'indépendance » (p. 1). La féministe hindoue insiste également sur l'idée qu'un féminisme sans frontières n'est pas un féminisme qui nierait ces limites et autres séparations ; c'est, tout au

Un tel choix (bien qu'il se soit imposé à moi comme une nécessité, une évidence et non comme le fruit d'une sélection entre des concepts concurrents) peut sembler étrange, eu égard, principalement, à la complexité du vocable en question. Étienne Balibar résume parfaitement cela lorsqu'il affirme qu'à « la question qu'est-ce qu'une frontière, il n'est pas possible de donner une réponse simple »[1]. Mais il ajoute aussitôt que « cette impossibilité, qui nous complique théoriquement les choses, est aussi notre chance. Car pour comprendre le monde instable où nous vivons [...] et pour contribuer à changer ce monde, dans ce qu'il a d'inacceptable et d'insupportable – ou, ce qui revient au même, pour résister aux changements qui s'y produisent et qu'on nous présente volontiers comme inéluctables – nous avons besoin de renverser la fausse simplicité de certaines notions évidentes »[2].

C'est très exactement cela que sous-tend et implique, tout à la fois, l'idée d'un « féminisme *de la frontière* ». Refusant la facilité, la réification sous toutes ses formes et, plus généralement, le « confort conceptuel », il est informé par une volonté systématique de mettre en doute les schémas préétablis.

4. Le féminisme de la frontière est d'abord un féminisme qui récuse la limite au profit de la borne, au sens kantien d'un rejet du principe de clôture, de la négation et de l'exclusion essentielles[3].

contraire, un féminisme conscient des fractures, « [d]es conflits, [d]es différences, [d] es peurs » que lesdites frontières représentent (p. 2). Tout ceci me rend très proche de la perspective adoptée par Mohanty. En revanche, je m'écarte d'elle dans la mesure où elle demeure profondément marxiste critique, ce qui rend « ses » frontières foncièrement non poreuses : la prise de conscience de l'existence de frontières est ce sens, chez elle, plus forte que sa perception, certes aigüe, de la nécessité de les dépasser. De fait, cette orthodoxie la conduit *de facto* à proposer une alternative en bonne et due forme, alors que "décoloniser" signifie clairement se situer à rebours d'un troc conceptuel pour donner à voir la pluralité des options qui, elle, incarne véritablement la notion de « sans frontières ».

1. E. Balibar, *La crainte des masses. Politique et philosophie avant et après Marx*, Paris, Galilée, 1997, p. 371.

2. *Ibid.*, p. 371-72.

3. C'est très exactement ce que signifie la distinction opérée par Madina T. Tlostanova et Walter Mignolo entre « *border* » et « *frontier* », et la récusation de la dernière au profit de la première, *Learning to Unlearn : Decolonial Reflections from Eurasia and the Americas, op. cit.*, p. 62.

Plus particulièrement, le féminisme de la frontière dénonce les tentatives de faire passer pour une herméneutique des bornes *qui permet* tout en excluant (précisément parce qu'elle n'exclut pas tout), ce qui n'est qu'une simple épistémologie des limites. Dans le *Droit des Peuples* rawlsien, on a ainsi l'impression d'un véritable saut qualitatif : il n'est plus question d'exiger la traduction des vécus indigènes dans un prêt à penser politique, comme c'était le cas dans la version domestique de sa théorie de la justice, mais à une réelle volonté de donner droit de cité à la différence, *via* l'élaboration de la catégorie de société décente à l'intérieur d'une typologie bornée qui spécifie sans exclure.

Or celle-ci ne fait, précisément, qu'exclure. Dans « Les femmes du Kazanistan », nous montrons ainsi comment Rawls échoue à rendre justice aux femmes musulmanes : le non-lieu kazanisti, aussi insidieusement que profondément caricatural, est en réalité foncièrement *délimité* et *informé* par un certain nombre de préjugés qui contribuent à en renforcer le caractère dystopique et qui, de ce fait même, en font un indépassable radical qui alimente le rejet et l'exclusion.

C'est précisément contre ces images d'Epinal désastreuses qu'est pensée la « décolonisation de Shéhérazade » [1] : quelle meilleure façon de dénoncer ces limites que de remettre à l'honneur une réalité historique malheureusement demeurée en *marge* des savoirs mis à l'honneur et dispensés par la « pensée-centre », celle du système modernité/colonialité qui prévaut depuis le XVe siècle ? La littérature

---

1. J'attire ici l'attention du lecteur sur le fait que le premier chapitre du livre de Marnia Lazreg intitulé *The Eloquence of Silence : Algerian Women in Question*, Routledge, 1994 a (aussi) pour titre « Décoloniser le féminisme » (*Decolonizing Feminism*). Mais bien que le projet de Marnia Lazreg et le présent ouvrage aient un nombre indéniable de points communs (ce refus de raconter une quelconque « histoire exotique », la volonté de mettre au jour la complexité de l'être-femme au sud, la critique de l'importation du féminisme blanc occidentalo-centré chez les indigènes ainsi que l'insistance sur une solidarité féminine bien comprise qui transcenderait les particularismes), notre travail se démarque essentiellement par la volonté de penser la décolonisation du féminisme non pas comme une tâche parmi d'autres (Lazreg la considère principalement comme une stratégie d'écriture) mais comme une grille de lecture à part entière. – C'est ce qui rend son approche plus postcoloniale que proprement décoloniale.

érotique du Moyen Âge arabo-musulman nous servira à révéler une femme orientale autre que celle servie par un érotisme colonial au rabais.

Mais *dé-marger* les savoirs ne revient pas pour autant à rapatrier vers le centre ceux d'entre eux qui ont été injustement folklorisés et cantonnés à la périphérie – ce serait là substituer une hégémonie à une autre – mais bien plutôt à tenter de penser à leur *intersection*. *Croiser* ainsi les perspectives permet de penser au plus près la responsabilité des féminismes dans la crise que la constellation traverse depuis une trentaine d'années maintenant. En l'espèce, vision coloniale, lecture islamiste et féminisme « musulman laïque » ont tous trois participé à la promotion de Shéhérazade par-delà les siècles. Chacun à sa manière, certes, mais à partir d'un même principe : un machisme originel prégnant qui, implicitement pour la première, explicitement pour la seconde, inconsciemment pour la troisième, caricature et déforme la réalité [1]. « Décoloniser Shéhérazade » doit donc nécessairement s'entendre selon un triple mouvement qui *assume* l'héritage arabo-musulman en la matière sans l'enjoliver ou en magnifier des aspects fantasmés.

C'est là aussi l'idée qui court en filigrane dans le pendant contemporain de cette déconstruction. Dans « la décolonisation de Fat(i)ma », nous explorons une autre modalité de la frontière, incarnée par la nature même du féminisme musulman occidental (et aussi du maternalisme occidental, comme on a pu y faire allusion plus haut). Ce féminisme *différentialiste* qui croit à la spécificité genrée tout en prônant l'égalité sexuelle trouve dans l'idée de complémentarité le vecteur idoine pour déconstruire l'interprétation machiste du Coran tout en restant fidèle à une certaine image de la femme traditionnelle. Mais en voulant déplacer ainsi les lignes de force, en repensant les

1. Le diagnostic de la chercheuse américano-pakistanaise Saba Mahmood est à ce titre sans appel : « Pendant des décennies, écrit-elle, les chercheurs travaillant sur le Moyen-Orient, ont dépeint les femmes arabes et musulmanes comme des personnes passives et soumises, enchaînées par les structures de l'autorité masculine », *Politics of Piety. The Islamic revival and the feminist subject*, Princeton University Press, 2005, p. 6.

dichotomies classiques à travers ce concept-frontière, le risque est grand de pencher dangereusement d'un côté ou de l'autre de la frontière : entre l'essentialisme et plus curieusement, l'universalisme, le féminisme musulman occidental semble être rattrapé tout à la fois par le fondamentalisme religieux et le féminisme laïque. Tous deux ne sont en effet que les deux faces d'une même médaille : penser la nature humaine ou la nature féminine *n'*est *pas* penser la *condition* des femmes.

Initialement théorique, mon approche s'est enrichie de données concrètes, me permettant ainsi d'éviter à la fois la conceptualisation éthérée et l'étude de cas purement empirique. Car c'est bien de philosophie sociale dont il s'agit : ni philosophie politique normative, ni philosophie « simplement » appliquée, la grille adoptée est en elle-même la manifestation de cette « désobéissance épistémologique ». Elle récuse, de fait, le principe d'un canevas argumentatif paradigmatique en permettant par exemple au témoignage et à la métaphore, traditionnellement considérés comme des formes *infra* de la pensée, d'avoir leur place dans l'analyse.

J'ai cherché à voir si cette configuration inédite (en ce qu'elle renvoie dos à dos tous les choix théoriques qui se sont présentés tour à tour comme des alternatives et ce, d'un point de vue à la fois analytique et épistémologique) pouvait avoir une quelconque pertinence rapportée aux pays musulmans du Sud[1]. Le « laboratoire tunisien » de l'après-révolution m'a semblé, plus d'un titre, particulièrement convenir à l'élaboration d'un « bilan provisoire » en la matière. Comment comprendre les rapports entre féminisme laïque et féminisme musulman dans un contexte de démocratisation où les unes et les autres cherchent à se positionner stratégiquement ? Parce que le féminisme tunisien n'a pas profité de la Révolution pour dépoussiérer ses références, encore moins pour réfléchir aux conditions de la

---

1. Je rejoins en ce sens l'affirmation de Walter Mignolo selon laquelle « il est essentiel de reconnaître que la "totalité" épistémologique occidentale, de droite comme de gauche, n'est plus valable pour la planète entière », « Géopolitique de la connaissance, colonialité du pouvoir et différence coloniale », traduit de l'anglais par A. Querrien, *Multitudes*, 1, 6, 2003, p. 57.

production d'un savoir féministe authentiquement local, il demeure fondamentalement un féminisme *à* la frontière, figé entre un Orient fantasmé et un Occident idolâtré, pour les unes et entre féminisme religieux et fondamentalisme avéré, pour les autres, qui avalise les séparations et se nourrit de l'écart qu'il ne cesse lui d'alimenter.

C'est précisément parce qu'il est incapable de se projeter *depuis* la frontière qu'il habite comme un refuge sacré que le féminisme laïque indigène se révèle incapable de prendre en charge les problèmes de ses congénères. C'est sans doute à l'occasion de l'évaluation des stratégies *empowerment* initiées par les diverses ONGs en charge du développement que se manifeste le plus clairement à voir la portée de ce diagnostic. Habiliter ou émanciper les femmes pauvres revient en dernière instance à les dépolitiser avec la bénédiction plus moins consciente d'une élite féminine elle-même instrumentalisée à cette fin. Loin d'être un « remède au devenir-femme de la pauvreté », l'approche *empowerment* donne à voir et incarne tout à la fois la « colonialité du pouvoir » en déclinant la clôture sur trois niveaux : pérennisation de la dichotomie entre femmes « bourgeoises » et femmes « du peuple », entre femmes du Nord et femmes du (des) Sud, entre expertes et néophytes.

5. La frontière étant aussi ce qui réunit, un féminisme de la frontière est aussi un féminisme foncièrement *transversal*, qui respecte les différences sans les figer ni chercher, par ailleurs, une quelconque identification, qu'elle soit de l'ordre de la fusion ou même de la simple « hybridation ». Croiser sans recouper incarne tout à la fois le mot d'ordre, l'enjeu et la difficulté de la tâche. C'est très exactement ainsi que nous avons pensé la déconstruction de l'*empowerment*. Une fois « décolonisé », il devenait possible d'en faire un outil authentiquement féministe en l'appliquant à un *care* véritablement politisé. Il n'était pas du tout question pour autant de chercher à voir si l'*empowerment* était soluble dans le *care*. Ce n'est pas cette logique de l'*hybridation* qui nous a intéressés – bien au contraire. Il s'agissait bien plutôt tenter de penser en termes de *prisme* : tout se passe comme si le *care* était *effectivement* cet outil, ce paradigme, qui permettait de repenser l'*empowerment* à nouveaux frais, en le replaçant « au cœur du

politique » et en mettant au jour les rapports de force qui le minent
de l'intérieur. Il nous est en effet apparu que le *care* était potentiellement
un outil décolonial, qu'il pouvait incarner cette réciprocité que nous
recherchions et qui faisait gravement défaut à l'*empowerment* pour
qui il s'agissait ni plus ni moins que de sauver les femmes du Sud.
Le *care* était d'autant plus à même d'incarner la « chance » de
l'empowerment qu'un certain féminisme décolonial semblait en
thématiser les valeurs et l'esprit en posant la réciprocité comme pierre
de touche de la traduction qu'il en proposait.

Dans ce parcours qui a été le nôtre, deux points méritent d'être
mentionnés. *D'abord*, que la transversalité que nous recherchons ne
peut s'envisager qu'au terme d'une *rupture*. Cette rupture se conçoit,
avant toute chose, au niveau épistémologique, comme mentionné
plus haut. Elle pose que « les problèmes précèdent la méthode », que
la distance entre l'objet connu et le sujet connaissant est abolie, que
l'énonciateur préexiste à l'énoncé. Reconnaître cela suppose de s'être
préalablement avoué que le savoir ne saurait être neutre, qu'il est le
produit de rapports de force qui l'informent et le traversent de part
en part.

Car se délier de cette épistémologie *mainstream* présentée comme
universelle ne peut se concevoir que comme un désengagement
systématique de la rhétorique de la modernité et donc, de la colonialité.
Comme l'a montré Enrique Dussel, le « je pense donc je suis » et le
« je conquiers donc je suis » ne sont en réalité que les deux faces
d'une même stratégie épistémique qui dissimule et dissout le sujet
particulier, local, indigène au profit du sujet universel, blanc,
impérialiste, de l'énonciation.

On pourrait rétorquer qu'il n'y a là rien de nouveau, que le savoir
ne s'est jamais prétendu neutre et qu'il n'est que de lire Bachelard
pour le comprendre. Mais ce n'est pas ce qui est en jeu ici. Il y a lieu
de distinguer, en effet, entre une affirmation de la non neutralité du
savoir dans une épistémologie occidentale qui ne fait que de
l'autocritique et laisse intact le lieu privilégié du locuteur
occidental (c'est ce qu'on trouve par exemple chez Duhem,
Wittgenstein, Popper, Kuhn, Lakatos, Feyerabend, Foucault et bien

d'autres encore) et une critique radicale du lieu même de l'énoncé du point de vue d'une épistémologie du corps et du savoir, et plus généralement de l'être de l'ex-colonisé/postcolonisé qui œuvre pour sa décolonisation (et pour celle de son ex-colonisateur). Dans cette perspective, négociation, compromis et de « sabotage », au sens que Spivak donne à ce dernier mot, doivent être les maître-mots de la désobéissance épistémologique ainsi spécifiée[1]. Nous sommes donc bien loin d'une simple querelle de famille à l'intérieur de cet « épistémè monotopique » qu'est le paradigme épistémologique occidental[2].

Quoi qu'il en soit, un tel désengagement ne se pense pas simplement sur un mode négatif ; il se manifeste en effet, dans un second temps, dans une re-connection de l'épistémologie et de la production du savoir avec la localisation ethnique, sexuelle, raciale de celles et ceux qui pensent et qui parlent. Il ne s'agit pas de « sauver l'*empowerment* »

1. Par « sabotage », G. Spivak entend le détournement, la subversion voire la distorsion d'outils et de grilles classiques en vue de leur réappropriation. Voir notamment *A Critique of Postcolonial Reason. Toward a history of the Vanishing Present*, Harvard University Press, 1999, p. 9 *passim*. Dans la même veine, le concept de "*mimicry*" développé par Homi Bhabha rejoint cette idée d'un détournement des rapports classiques de domination qui a pour conséquence l'érosion de la / des frontière(s) entre colonisateurs et colonisés, « On Mimicry and Men », *The Location of Culture*, Londres, Routledge, 1994.

Mais de ce point de vue également, et toujours dans le cadre de cette décolonisation de l'esprit, il est tout aussi important de prendre en charge un véritable travail sur les savoirs locaux en les assimilant et en sortant de la tendance à les muséaliser, c'est-à-dire, aussi, à les idéaliser. Il ne s'agit donc pas simplement de substituer peu ou prou un savoir indigène à un *certain* savoir exogène, venu d'ailleurs, mais aussi de passer au crible de la réflexion les savoirs locaux. Pour reprendre la distinction du philosophe béninois Paulin Houtondji, l'un des premiers à avoir critiqué de manière radicale l'ethnophilosophie, il est fondamental de passer du savoir « indigène » au savoir « endogène », c'est-à-dire d'une simple « curiosité locale, sans effet potentiel à l'extérieur […] » à une *epistémè* dynamique et auto-réflexive qui peut prétendre, tout autant qu'une autre, à une place sur la scène épistémique globale. Voir *Endogenous Knowledge : research trails*, P.J. Houtondji (ed.), Dakar, Éditions du Codesria, 1997, « Introduction : Recentring Africa », p. 18. Voir également sur la même question, P.J. Houtondji (éd.), *Les Savoirs endogènes : pistes pour une recherche*, Dakar, Éditions du Codesria, 1994.

2. W. Mignolo oppose l'« *épistémè* monotopique » à l'« *épistémè* pluritopique » : « L'*épistémè* monotopique de le modernité est confrontée à l'*épistémè* pluritopique de la colonialité », *op. cit.*, p. 57.

simplement pour le sauver. Il est bien plutôt question de comprendre en quoi le déplacement épistémologique des frontières impliqué par sa déconstruction-décolonisation pouvait nous permettre d'envisager *pratiquement* la coexistence des femmes, aussi diverses soient-elles.

Cette réhabilitation des savoirs indigènes (et donc de l'indigène lui-même) ne doit pas s'envisager ni sur le mode du ressentiment, ni sur celui de la recherche d'une authenticité que l'on veillerait, une fois découverte, à préserver de la corruption d'un Occident pervers et maléfique. Encore une fois, il ne s'agit pas de ramener des savoirs périphériques au centre, mais de penser les modalités qui permettraient de les faire dialoguer sur un pied d'égalité.

Il ne s'agit pas, encore une fois, d'être dans une opposition frontale mais de faire jouer ce que José Médina nomme « friction » ou « effritement » pour subvertir l'oppression épistémique et espérer, à terme, venir à bout des vices épistémiques que développent les groupes dominants (et ce que Spivak nommait déjà « violence épistémique ») savoir l'arrogance et la paresse épistémiques ainsi que l'étroitesse d'esprit, autant de vices qui, précisément, empêchent la réciprocité dont nous parlions plus haut car « ils affectent la capacité à apprendre des autres et des faits, ils inhibent la capacité à s'auto-corriger et à être ouverts aux corrections des autres »[1].

---

1. J. Medina, *The Epistemology of Resistance. Gender and Racial Oppression, Epistemic Injustice and Resistant Imaginations*, Oxford, Oxford University Press, 2012, p. 31. Le concept de vices épistémiques développé par Medina rejoint l'idée de violence épistémique telle que systématisée par Spivak qui elle-même reprend, en partie, l'analyse de Michel Foucault. Spivak définit la violence épistémique comme « le fait d'imposer [aux populations colonisées] certains codes européens (…), un système éducatif complètement différent ainsi que divers autres mécanismes […] », *The Post-colonial Critic : Interviews, Strategies, Dialogues*, Routledge, 1990, p. 126. Elle explique ailleurs que « le plus clair exemple de cette violence épistémique est le vaste projet, hétérogène et orchestré à distance, de constitution du sujet coloniale comme Autre » ; et d'ajouter que « ce projet consiste aussi en l'occultation asymétrique de la trace de cet Autre dans sa précaire subject-ivité ». Ce dernier point lui permet d'envisager une étroite parenté entre la question coloniale ainsi envisagée et la manière dont Foucault lit la violence avec laquelle on a systématisé le concept de santé mentale à la fin du XVIIᵉ siècle, de sorte que l'idée foucaldienne de « savoir subjugué » peut

En somme, la *solidarité* des femmes passe par un travail sur la *réciprocité* que nous voulons voir pratiquer dans le respect de nos différences. Ce féminisme *transversal* que nous appelons de nos vœux est donc résolument un féminisme *sans frontières* qui croise sans réifier et qui comprend sans réduire.

6. Il importe de signaler que l'auteure de cet ouvrage a bénéficié de la solidarité académique et humaine de ceux de ses pairs situés au « Nord ». Un merci tout particulier à Ali Benmakhlouf (Université Paris XII) qui, depuis ses différents rattachements, m'a offert, depuis maintenant plus de cinq ans, l'opportunité de m'exprimer sur les questions de *l'empowerment*, du genre et de la révolution tunisienne. Un grand merci à Christian Nadeau (Université du Québec à Montréal) et à Sarhan Dhouib (Université de Kassel), toujours prêts à partager leurs bases de documentation électroniques. Je ne manque pas de remercier les diverses institutions qui m'ont permis d'entreprendre un certain nombre de séjours scientifiques fructueux et de participer à des colloques non moins profitables, à commencer par l'*Institut Français de Coopération à Tunis* pour deux séjours scientifiques parisiens en 2011 et 2014 ; l'équipe *NOSOPHI* (Paris I) en la personne d'Emmanuel Picavet, Sophie Guérard de Latour, Jean-François Kervégan et Catherine Larrère pour leurs multiples invitations à participer à des colloques, ateliers et autres journées d'études, la dernière en date m'ayant offert l'opportunité de présenter ma lecture du féminisme tunisien à l'épreuve de la Révolution dans le cadre du projet « Diversité, Genre et Multiculturalisme » ; l'*Université de Genève*, et plus particulièrement Kevin Mulligan, pour m'avoir permis d'exposer une première version de mon travail sur le rôle des femmes

en dernière instance très bien se dire des savoirs indigènes, *Les subalternes peuvent-elles parler ?*, trad. J. Vidal, Paris, Amsterdam, 2009, p. 37. Spivak cite ainsi Foucault relativement à cette violence épistémique qui a conduit à créer de l'aliéné là où il n'existe pas, annihilant ainsi purement et simplement « toute une série de savoirs qui se trouvaient être disqualifiés comme savoirs conceptuels, comme savoirs insuffisamment élaborés, savoirs naïfs, savoirs hiérarchiquement inférieurs, savoir au dessous du niveau de la connaissance ou de la scientificité requise », M. Foucault, « Cours du 7 janvier 1976 », in *Dits et écrits*, t. II, Paris, Gallimard, 2001, p. 164, repris par G. Spivak, *Les subalternes peuvent-elles parler ?, op. cit.*, p. 38.

tunisiennes dans la Révolution en décembre 2011 ; le *Centre Universitaire Méditerranéen* (CUM) à Nice pour avoir donné l'opportunité de présenter mon étude autour de l'idée d'une image alternative de la femme arabe médiévale ; le *Collège de France*, pour m'avoir permis de présenter mon analyse du féminisme de John Stuart Mill en novembre 2008 ; l'*Université Paris VIII*, en la personne de Zineb Ali-Ben Ali, pour m'avoir donné l'occasion d'affiner mon propos sur le féminisme indigène en décembre 2012, l'*Université de Barcelone* et la *Fédération de Recherche sur le Genre* (RING), pour m'avoir tout particulièrement permis de confronter ma lecture du « postcolonial tunisien » aux théories féministes et queer décoloniales en juin 2012 ; le *Réseau des Femmes Philosophes*, en la personne de Barbara Cassin et Françoise Balibar, pour m'avoir accueillie à deux reprises (décembre 2009 et novembre 2012) dans le cadre de journées d'études organisées par la branche parisienne de l'Unesco ; les éditions Antoinette Fouque, pour m'avoir donné la possibilité de rédiger un certain nombre de notices féminines et féministes au sein du *Dictionnaire des Créatrices* ; l'*Université Paris VII* et plus particulièrement le Centre d'Enseignement, de Documentation et de Recherches pour les Études Féministes dirigée par la sociologue Azadeh Kian. Je n'oublie pas mon Unité de Recherche, « Penser la rationalité aujourd'hui » (Faculté des Sciences Humaines et Sociales de Tunis, Université de Tunis) qui a pu rendre possible nombre de mes participations à des colloques scientifiques à l'étranger. Je ne saurais clore cette liste sans mentionner mon collègue et ami Salah Mosbah (Université de Tunis), pour ses remarques toujours avisées. Un grand merci, enfin, à Sandra Laugier, pour m'avoir accueillie avec générosité et enthousiasme dans sa collection.

CHAPITRE PREMIER

LES FEMMES DU KAZANISTAN

DE QUELQUES ASPECTS DU « FÉMINISME » RAWLSIEN
DANS LE *DROIT DES PEUPLES*

Dans *Provincialiser l'Europe*, Dipesh Chakrabarty affirme que ce qui l'intéresse au premier chef est d'essayer de *comprendre* les traditions de pensée occidentales et orientales, de faire dialoguer et se répondre des canevas, des styles et des outils certes partiellement dissemblables mais certainement pas opposés – du moins au sens où certains « puristes » voudraient nous le faire croire[1]. Il s'agit, pour le dire autrement, d'essayer de rendre compte des catégories indigènes (et particulièrement indiennes) à travers des généalogies extra-européennes de notions, elles, typiquement européennes. Le point de départ et, d'une certaine manière, la gageure, est précisément *de partir* des ressources subalternes pour les éclairer et donc les réhabiliter.

Ceci, naturellement, spécifie l'usage qui peut être fait, par-delà les concepts et les grilles de lecture, des penseurs occidentaux. Le « que-faire » de Deleuze ou de Derrida se conçoit nécessairement sur un mode horizontal, en mettant sur un pied d'égalité répertoires locaux et modernité politique occidentale, afin que l'on puisse parler, pour reprendre le titre d'un travail académique sur le même Chakrabarty, d'« Habermas au Bengale » et non, plus d'un Habermas universel, aseptisé, importé *dans la perspective d'être appliqué tel quel*[2].

Ce qui est valable pour Habermas est aussi valable pour Rawls. Bien que le philosophe ait partiellement prévenu ces interrogations

1. D. Chakrabarty, *Provincialiser l'Europe. La pensée postcoloniale et la différence historique*, trad. O. Ruchet et N. Viellecazes, Paris, Amsterdam, 2009.
2. R. Bertrand, « Habermas au Bengale ou comment "provincialiser l'Europe" avec Dipesh Charkrabarty », *Travaux de science politique*, Université de Lausanne, n° 40. Dans le même esprit, M. Renaut, « Heidegger en Inde. De Jarava Lal Mehta aux *subaltern studies* », *Revue Asylon(s)*, n°10, juillet 2012.

en affirmant, dès 1971, que sa théorie ne concernait que les sociétés bien ordonnées, d'aucuns, et très tôt, se sont effet demandé si la société bien ordonnée pensée par l'auteur de *Théorie de la justice* pouvait être exportée aux sociétés non libérales. Était-il possible de « provincialiser Rawls », de parler d'un « Rawls au Pakistan », par exemple ?

Moins d'un quart de siècle plus tard, les choses prennent une autre dimension lorsque le philosophe américain, sortant du cadre proprement domestique, s'essaie à penser « l'extension de l'idée générale du contrat social à la société des peuples libéraux […] [puis] à la société des peuples décents », savoir ces sociétés qui, « tout en n'étant pas des sociétés démocratiques libérales, possèdent certaines caractéristiques qui les rendent acceptables comme membres en règle d'une Société raisonnable des peuples »[1]. Tout l'enjeu, naturellement, étant de spécifier ces « caractéristiques » qui offrent le label de « société décente » à des sociétés non libérales, permettant ainsi leur intégration dans le concert des « peuples bien ordonnés »[2]. Tout se passe comme si Rawls lui-même faisait l'effort de venir au Pakistan en amendant un propos initial « radicalement » libéral.

De fait, dans un souci pédagogique manifeste, Rawls imagine ainsi un pays musulman « décent », auquel il donne le nom de

1. « Le Droit des Peuples », dans *Paix et démocratie*, trad. B. Guillarme, Paris, La Découverte, 2003, p. 17 / *The Law of Peoples (LoP)*, with « The Idea of Public Reason Revisited », Havard University Press, 1999, p. 5. Rawls explique dans *Le Droit des Peuples* (dorénavant *DP*) qu'il ne s'était auparavant intéressé à la question internationale qu'indirectement dans la section 58 de *Théorie de la justice* à travers la thématique de l'objection de conscience : « la conception de la justice comme équité pouvait être étendue […] au droit international, avec l'objectif limité de juger les buts et les limites de la guerre juste », *DP*, p. 16 / *LoP*, p. 4. Et de fait, dans *Théorie de la justice*, le philosophe affirmait qu'il n'examinerait pas « la justice du droit international public et des relations entre Etats, si ce n'est en passant », *Théorie de la justice*, trad. C. Audard, Paris, Seuil, 1986, p. 34 / A *Theory of Justice*, Revised Edition, Harvard University Press, 1999, p. 7.

2. *DP*, p. 16 / *LoP*, p. 4. Nous faisons, avec Guillarme, le choix de parler de « droit des peuples » plutôt que « droit des gens » en raison du fait que Rawls lui-même se démarque de la seconde appellation et de la tradition qui lui est associée lorsqu'il explique que son ouvrage est très loin de constituer un traité de droit international.

Kazanistan. Dans cette contrée imaginaire, pas d'institutions démocratiques au sens classique (et strict) du terme mais un principe fondateur, la « hiérarchie consultative ». Dans cette structure délibérative érigée en mode de gouvernement, les citoyens ont le droit de protester (même si leurs revendications ne sont pas nécessairement prises en compte, explique Rawls). Le philosophe américain insiste particulièrement sur le fait que les droits des femmes y sont respectés, contrairement à ce qui se passe dans les sociétés dites « entravées »[1].

Notre hypothèse est précisément que la question féminine constitue la clé pour comprendre la manière dont le droit des gens rawlsien appréhende les relations avec les pays du Sud. Dans cette configuration subtile, si le Kazanistan donne à voir, de prime abord (I), un « Rawls en terre d'Islam » relativement bienveillant et soucieux d'éviter toute ingérence culturelle, il se révèle rapidement être beaucoup plus proche de la dytsopie que de l'utopie (II), quand bien même serait-elle minimale voire minimaliste. Nous montrerons ainsi que le Kazanistan se trouve être l'occasion de faire remonter à la surface et d'exacerber un certain nombre de préjugés et de clichés sur l'Islam (III), via le média « privilégié » du statut des femmes. Nous passerions ainsi imperceptiblement mais sûrement d'une critique du « modèle Kazanistan » à la critique d'une religion qui, par définition, asservit systématiquement les femmes.

I

Le Kazanistan, explique Rawls, « n'institue pas la séparation entre l'Église et l'État. L'Islam est la religion privilégiée, et seuls les musulmans peuvent occuper les postes d'autorité politique et influencer les principales décisions et politiques du gouvernement, y compris

---

1. « Les sociétés entravées si elles ne sont ni expansionnistes ni agressives, sont privées des traditions culturelles et politiques, du capital et du savoir-faire humains, et souvent des ressources matérielles et technologiques pour être bien ordonnées », *ibid.*, p. 130 / *LoP*, p. 106.

en matière extérieure »[1]. Il ajoute que « les autres religions sont cependant tolérées et les personnes peuvent les pratiquer sans crainte et sans risque de déchéance de la plupart de leurs droits civiques, sauf du droit d'occuper des fonctions politiques ou judiciaires importantes »[2]. Rien n'empêche par ailleurs les membres de ces religions de « développer leur propre vie culturelle et à prendre part à la vie culturelle de la société civique »[3].

Comme toutes les sociétés décentes, le Kazanistan n'a jamais eu et n'a pas de raison d'avoir des velléités impérialistes. La justification de ce pacifisme structurel a, en revanche, à voir en grande partie avec la nature même du pays : il est le « résultat », explique Rawls, « d'une interprétation spirituelle et morale, et non militaire, du *djihad*, par ses théologiens »[4].

---

1. *DP*, p. 95 / *LoP*, p. 75.
2. *DP*, p. 95 / *LoP*, p. 76
3. *Ibid.*
4. *Ibid.* Rawls ajoute que qu'« *à la différence de la plupart des dirigeants musulmans*, les dirigeants du Kazanistan n'ont pas mené de conquête impériale et territoriale ». On se demande si les dirigeants musulmans qui ont manifesté des velléités impérialistes sont à ce point nombreux qu'il faille ajouter cette précision – ou s'ils sont, à tout le moins, plus nombreux que les « dirigeants catholiques », *DP*, p. 96 / *LoP*, p. 76 ; nous soulignons. Comme l'affirme Anne Norton, « associer les peuples musulmans à la guerre impériale contre l'Occident libéral fait pas montre, historiquement parlant, d'une réelle ironie », *On the Muslim Question*, New York, Princeton University Press, 2013, p. 99. Une réponse possible à cette interrogation se trouve dans le fait que Rawls semble privilégier le modèle du califat, probablement celui de l'Empire ottoman, dans sa conception de sa société hiérarchique décente imaginaire. S'agissant *d'abord* de la procédure de consultation des sociétés décentes en général et du Kazanistan en particulier, Rawls écrit que « celle-ci est souvent mentionnée dans les analyses des institutions politiques islamiques. Il est néanmoins clair que l'objectif de la consultation est souvent que le *calife* puisse obtenir un engagement de loyauté de la part de ses sujets ou parfois qu'il puisse évaluer la force de l'opposition, *DP*., p. 91, n. 12 / *LoP*, p. 72, n. 12 ; nous soulignons. Concernant la tolérance dont font preuve les autorités du Kazanistan, *ensuite*, il est évident que Rawls a en tête le système ottoman du *millet*, ce qu'il reconnaît au demeurant tout à fait : « La doctrine que j'ai attribuée aux dirigeants du Kazanistan est similaire à celle que l'on trouvait dans l'Islam il y a plusieurs siècles. (L'Empire ottoman tolérait les juifs et les chrétiens […]) », *ibid.*, p. 95, n. 17 / p. 76, n. 17.

Les institutions du Kazanistan se résument à un principe de base : la hiérarchie consultative, elle-même impliquée par une organisation corporatiste de la société pensée sur un mode relativement simple. Chaque individu est en effet par définition membre d'un groupe ; tous les groupes doivent être consultés ; ils sont donc représentés « par un corps qui contient au moins certains des membres du groupe connaissant et partageant les intérêts fondamentaux de ce groupe »[1]. Si la décision finale est prise, comme de juste, par les dirigeants du Kazanistan, elle l'est toujours au nom d'une certaine conception du bien commun incarnée dans l'idée « d'un peuple musulman décent et rationnel qui respecte ses minorités »[2]. Qui respecte, plus généralement, ses citoyens, puisqu'il n'est pas exempt de leur rendre des comptes : « s'ils sont sollicités », les officiels de l'État doivent justifier lesdites décisions de l'exécutif[3].

Les droits de l'homme sont eux aussi, restreints et pensés pour éviter tout reproche d'ethnocentrisme : le « droit à la vie [...], à la liberté (l'absence de soumission à l'esclavage, au servage, à une occupation forcée, et une certaine liberté de conscience pour permettre la liberté de pensée et la liberté religieuse) ; à la propriété personnelle, à la liberté formelle telle que l'expriment les règles de la justice naturelle (c'est-à-dire que les cas similaires doivent être traités de la même manière) »[4].

Qu'en est-il des femmes ? De manière étonnante, dans les quelques pages que Rawls consacre à la description du Kazanistan, nulle mention, quasiment, de leur statut ni de leur place en son sein. C'est seulement à l'occasion d'un développement autour des vertus de la contestation que le sujet est indirectement évoqué, comme un exemple parmi d'autres :

> Pour illustrer la manière dont l'objection, lorsqu'elle est permise et écoutée, peut provoquer le changement, j'imagine encore que l'objection au Kazanistan a conduit à d'importantes réformes en

1. *Ibid.*, p. 96 / p. 76
2. *Ibid.*, p. 97 / p. 77.
3. *Ibid.*
4. *Ibid.*, p. 83 / p. 65.

matière de rôles et de droits des femmes, les autorités judiciaires confirmant que les normes existantes ne pouvaient s'accorder avec l'idée de justice visant le bien commun propre à la société[1].

A force de contester, explique donc Rawls, des changements ont progressivement vu le jour au Kazanistan ; c'est tout naturellement que lesdits changements ont touché les femmes, parmi d'autres groupes dominés. Il est intéressant de remarquer que dans la section précédente consacrée à l'explicitation du modèle de société hiérarchique consultative, le propos du philosophe allait déjà dans le sens d'une généralisation de la question de l'oppression-domination. Ainsi, ce qui intéresse Rawls n'est pas tant le statut des femmes *per se* mais bien plutôt le fait qu'elles constituent un exemple paradigmatique de ces « membres de la société [...] qui ont longtemps été soumis à une oppression et à des abus qui constituent une violation de leurs droits de l'homme ».

A travers ce manque d'intérêt (ou cet intérêt très relatif) pour la cause des femmes, se donne également à voir l'idée, typiquement coloniale, selon laquelle la société décente ne peut envisager de justice que réparatrice, voire compensatrice. En effet, la suite immédiate du développement semble plus relever d'une problématisation en termes de justice transitionnelle qu'autre chose :

> Une disposition pour garantir que leurs revendications sont prises en compte de façon appropriée peut consister à faire en sorte qu'une majorité des membres des corps *représentant les opprimés (du passé)* soit choisie parmi ceux dont les droits ont été violés[2].

Contrairement aux sociétés libérales, la société décente ne saurait constituer un idéal-type, et pas simplement parce que les critères qui la définissent on pu être considérés comme relativement lâches[3]. Plus

---

1. *DP*, p. 97-98 / *LoP*, p. 78.

2. *Ibid.*, p. 94 / p. 75. Nous soulignons.

3. Rawls explique en effet que « tout comme l'idée du raisonnable dans le libéralisme politique, il n'y a pas de définition de la décence dont les deux critères [l'attachement à la paix et le respect d'une liste minimale des droits de l'homme] peuvent être déduits. Nous préférons affirmer que les deux critères paraissent acceptables dans leur formulation générale », *DP*, p. 85 / *LoP*, p. 67.

fondamentalement, la société décente s'inscrit dans une dialectique douteuse dont il est assez malaisé de saisir les modalités, tandis que la société libérale, figée et ayant atteint en quelque sorte la « fin de l'Histoire », donne l'impression d'un paradigme à réelle teneur en « dignité épistémologique ». Assez ironiquement, le « plus de justice » qui anime les institutions du Kazanistan s'avère être, en dernière instance, l'antichambre de l'immobilisme, semblant le figer avant sa « maturité ».

Comme l'explique fort justement William Talbott, quoique dans une perspective différente de la nôtre, il est quasiment impensable d'aboutir à des lois « progressistes » 1) dans la mesure où aucun des critères de la société décente *n'exige* de telles réformes ; 2) comme rien dans la description que Rawls fait de la société décente n'exige un droit à l'éducation pour les femmes ou le droit à la liberté de la presse, il y a peu de chances que les femmes « découvrent » la possibilité d'entreprendre des réformes ou, encore moins, qu'elles se considèrent elles-mêmes comme capable d'initier ce genre de changement[1].

II

Car tout se passe comme si le Kazanistan fonctionnait comme un repoussoir, une sorte de miroir inversé : dans cette dystopie orientale, les éléments censés être « protodémocratiques » expriment en réalité une tendance malheureuse à entériner le *statu quo* et aucunement la volonté de remettre en question les lignes de force de la colonialité du pouvoir et les différentes modalités de « l'oppression/exploitation » dont sont victimes ces femmes.

Les choses deviennent plus claires à mesure que l'on avance dans la lecture du *Droit des Peuples*. Amené à traiter des sociétés dites « entravées », Rawls en profite pour revenir sur le cas des sociétés hiérarchiques décentes. Il commence ainsi à expliquer que dans la

---

1. W.J. Talbott, *Which Rights Should Be Universal*, New York, Oxford University Press, 2005, p. 12.

mesure où ces sociétés sont fondées sur « une hiérarchie consultative décente ou son équivalent », un minimum d'équité est garanti (*DP*, p. 135). Et de continuer en affirmant que « tout groupe qui représente les intérêts fondamentaux des femmes doit inclure une majorité de femmes » (*ibid.*). Mais l'exigence de parité peut-elle sérieusement être considérée comme source et garantie de justice ? On peut légitimement en douter : si la parité était venue à bout de l'inégalité, de l'oppression et de l'injustice, les sociétés bien ordonnées de Rawls en sauraient quelque chose. En Tunisie par exemple, lors des élections de l'Assemblée Nationale Constituante d'octobre 2011 et malgré la parité imposée par les textes, les femmes ont été très peu présentes en têtes de liste (5%), alors qu'elles représentent 51% des 18-35 ans et 46% des inscrits. Cela fait d'autant moins lorsqu'on sait que sur 116 partis autorisés seulement 4 comptent une femme dans leurs instances dirigeantes (présidente, vice-présidente ou secrétaire générale) ; le chiffre passe à 6 si l'on comptabilise les femmes membres de bureaux politiques. Ajoutons que le mode de scrutin adopté, la proportionnelle au plus fort reste, n'avantage pas les femmes. Etant entendu que dans la majorité des cas, seul le candidat tête de liste peut rejoindre les élus du « premier tour » et que ledit candidat est très souvent un homme, le calcul est fait : sur 217 députés que compte la Constituante, 49 sont des femmes et 42 d'entre elles appartiennent au parti islamiste Ennahdha qui a eu beaucoup moins de problèmes que ses adversaires pour trouver des candidates prêtes à défendre ses idées. Et comme on a pu le voir depuis lors, les femmes nahdhaouies n'ont pas franchement travaillé à servir les intérêts de leur sexe en garantissant ce que Rawls nomme un « seuil minimum d'équité ».

Mais il y a plus. La deuxième limite du propos rawlsien intéresse la nature même de toute société hiérarchique. En effet, la médiation du groupe censé représenter « les intérêts fondamentaux des femmes » est elle-même déterminée par les valeurs hiérarchiques promues et défendues par la communauté. L'expression des revendications et des désaccords est donc par principe réduite. Au demeurant, Rawls le reconnaît tout à fait lorsqu'il spécifie l'objection comme « exprim[ant] une forme de protestation publique, qui est acceptable tant qu'elle demeure dans le cadre de l'idée de la justice visant le bien commun »[1]. Il est très difficile dans ce cas d'envisager une évolution ou un changement réels.

Par ailleurs, et c'est la troisième limite, qu'entend-on par « intérêts fondamentaux des femmes »? Peut-on isoler aisément des besoins communs à toutes les femmes et des problèmes qui les fédèrent? Même l'approche « Genre et développement », qui pourtant cumule bien des travers, n'oserait pas ce type de généralisations. Voici une manière typiquement multiculturaliste de poser le problème, en ce que la problématique « du qui parle au nom de qui » et de la « minorité de la minorité » est systématiquement éludée[2]. Rawls importe en « terre décente » la problématique du « multiculturalisme libéral hégémonique » qui sévit dans les pays occidentaux, ce qui n'est pas autre chose que célébrer, encore une fois, la colonialité du pouvoir :

> Le multiculturalisme libéral hégémonique permet à chaque groupe racialisé de disposer de son espace et célébrer son identité/culture, tant qu'il ne remet pas en question les hiérarchies ethniques/raciales issues de la suprématie du pouvoir blanc et tant qu'il laisse le *statu quo* intact. Cette politique privilégie certaines élites au sein des groupes racialisés/ infériorisés, en leur accordant un espace et des ressources en tant qu'« emblème », « minorité modèle » ou « vitrine symbolique », appliquant ainsi un vernis cosmétique multiculturel sur le pouvoir blanc, tandis que la majorité de ces populations victimes du racisme rampant font l'expérience chaque jour de la colonialité du pouvoir[3].

Cette grille s'applique parfaitement à la réalité du Kazanistan. Les femmes qui ont auront réussi à être représentées seront celles de l'élite kazanisti; elles le seront naturellement par leurs semblables,

---

1. *DP*, p. 91 / *LoP*, p. 78.

2. Sur ces questions, voir S. Mestiri, « Révolution tunisienne et *empowerment*. Le cas des femmes tunisiennes », *Eutopias*, n°5, 2013, p. 99-104.

3. R. Grosfoguel, « Les dilemmes des études ethniques aux Etats-Unis. Entre multiculturalisme libéral, politiques identitaire, colonisation disciplinaires et épistémologies décoloniales », *IdeAS*, juin 2012, (http://ideas.revues.org/240?lang=en%23text%20).

reproduisant ainsi les structures de domination millénaires. Il est vrai que Rawls explique que le choix des membres des groupes (associations, corporations, ordres) est l'occasion d'exercer son droit à contester. Mais dans cette société hiérarchique, on se récuse bien évidemment entre soi. En ce sens, le Kazanistan incarne de manière exemplaire les problèmes des sociétés libérales contemporaines, confrontées à la prégnance d'un féminisme *mainstream*, « blanc » pensé par et pour les femmes de l'élite socio-économique, évacuant la subalternité d'un revers de concept.

Le repoussoir fonctionne d'autant mieux qu'il décrit des aspects de notre propre situation, ceux qui, précisément, ne font pas plaisir à voir. Anne Norton perçoit très justement cette analogie entre la réalité occidentale et le Kazanistan lorsqu'elle affirme que « le pays musulman imaginé par Rawls nous en dit plus sur l'Occident que sur l'Islam »[1]. Elle ajoute :

> Les problèmes qu'il décrit au sein de son Kazanistan imaginaire réfléchissent les manquements et les injustices du système libéral, manquements et injustice qui sont devenus seulement plus évidents et dont la dangerosité est apparue plus clairement dans les années qui ont suivi la rédaction [du Droit des Peuples][2].

Mais si cette « minorité modèle », cet « emblème », cette « vitrine symbolique » conviennent parfaitement à l'Occident, ce n'est pas simplement en raison d'une troublante similitude entre les deux ; c'est aussi parce qu'ils constituent le gage, tout à la fois, de la stabilité et de la pérennisation de leurs propres intérêts : « un pays comme le Kazanistan », explique Rawls, « est ce que *nous* pouvons espérer de mieux en restant réalistes et cohérents »[3].

Ce n'est d'ailleurs pas un hasard si certains, parmi toutes les possibilités d'interprétation offertes, voient dans le sultanat d'Oman

1. A. Norton, *On the Muslim Question*, *op. cit.*, p. 98.
2. *Ibid.*
3. *DP*, p. 98.

l'incarnation parfaite du Kazanistan [1] : monarchie pétrolière, dans laquelle le port du voile est facultatif, le droit de conduire acquis aux femmes et leur participation politique manifestement encouragée au plus haut niveau de l'État. Si Oman est le seul pays de la Péninsule où les femmes peuvent exercer des responsabilités politiques – membres du *majlis al-Shûrâ* [2] et ministres – ce rôle est récent et malgré tout limité, contrairement à « son exploitation médiatique, bien orchestrée ». Preuve que le féminisme d'État a encore de beaux jours devant lui [3]. Et c'est malheureusement bien souvent cette vitrine qui est célébrée par les pays du Nord.

Pour toutes ces raisons, on ne peut qu'être au mieux dubitatif devant les propos de celles et ceux qui voient dans ce type de déclaration le respect de la diversité et du pluralisme, à l'image de Eileen Hunt Botting qui affirme :

> En raison de son engagement pour la tolérance religieuse et les autres doctrines compréhensives, même lorsqu'elles s'opposent avec les valeurs libérales, démocratiques ou féministes, Rawls offre un cadre moral (*principled*) mais pragmatique pour la justice international, un cadre qui s'adapte, sur le long terme, à la plupart des questions féministes tout en respectant l'auto-détermination, la diversité culturelle et religieuse et le pluralisme politique des peuples [4].

1. C'est à David A. Reidy que l'on doit cette idée, formulée dans une note extrêmement laconique, sans plus de détails à l'appui d'une telle déduction. Voir « Rawls on International Justice. A Defense », *Political Theory*, vol. 32, n° 3, June 2004, p. 315, note 25.

2. Il s'agit d'un conseil consultatif.

3. Voir l'article très complet de Claire Beaudevin, « Souks féminins en Oman. Séparatisme commercial ou renforcement d'une "culture de genre" », Chroniques yéménites [En ligne], 12 | 2004, mis en ligne le 7 octobre 2007, consulté le 27 mars 2014 (http://cy.revues.org/189).

4. E. Hunt Botting, « Rawls on International Justice », *in* R. Abbey (ed.), *Feminist Interpretations of John Rawls*, Pennsylvania, The Pennsylvania State University Press, 2013, p. 124.

III

Il paraît dès lors difficile d'éviter la question qui s'impose naturellement : « à quoi sert l'exemple du Kazanistan ? » Rawls lui consacre à peine quelques pages, des pages dans lesquelles il ne fait que reprendre ce qu'il disait dans les développements ultérieurs sur les sociétés décentes. De fait, les « détails » donnés par Rawls ne sont aucunement des spécifications : l'on demeure dans la généralité, à telle enseigne que toutes les informations « relatives » au Kazanistan auraient très bien pu figurer dans les sections dévolues à la description de ce que le philosophe entend par société décente. C'est pourquoi, et bien que sa remarque intéresse la première mouture du *Droit des peuples* (c'est-à-dire la conférence donnée par Rawls en 1993 à l'occasion de l'anniversaire de la mort de Lincoln, et dans laquelle le philosophe ne faisait nulle mention du Kazanistan), la remarque de Stanley Hoffman nous semble encore plus justifiée s'agissant de la seconde version de *DP* [1] :

> À l'image des autres [les sociétés libérales] cependant, il n'y a rien d'empirique, ou presque rien, qui leur [les sociétés décentes] corresponde au sein du monde réel ; certes, on peut songer à la Jordanie, à Singapour ou à la Tunisie, il n'empêche : la catégorie de Rawls est une idéalisation (au sens d'embellissement) à un ensemble minuscule d'États réels. Une fois de plus, il apparaît que ce qui est simple « abstraction » dans le cadre d'une réflexion sur le gouvernement intérieur se transforme en utopie dans la philosophie des relations internationales [2].

Certains n'ont néanmoins pas manqué de trouver une certaine utilité à cette société décente imaginaire. Si le Kazanistan a servi à quelque chose, c'est à entretenir (encore plus) certains préjugés tenaces. Car, à y regarder de vraiment près, l'on s'aperçoit que la seule information supplémentaire livrée dans la section dévolue à

---

1. Voir « The Law of Peoples », *in* S. Shute, S. Hurley (ed.), *On Human Rights : The Oxford Amnesty Lectures*, New York, Basic Books, nov. 1993.

2. S. Hoffmann, « Mondes idéaux », dans J. Rawls, *Le Droit des gens* (1993), Paris, Esprit, « 10 / 18 », 1996, p. 140.

cette société hiérarchique décente est la sa qualification comme musulmane. De fait, en donnant une certaine réalité à ce type de société, Rawls réussit la gageure d'exacerber l'intolérance à l'égard de sociétés décentes *via*, précisément, *la question du statut des femmes*. Les tentatives pour trouver quel pays musulman réel se cache derrière cette construction imaginaire donnent lieu à d'étonnantes interprétations qui ne se caractérisent pas exactement par leur respect du principe de charité. Comme le note fort justement Anne Norton, « Rawls n'a pas précisé les formes de discrimination dont les femmes sont victimes au Kazanistan mais d'autres ont aisément comblé ce vide »[1].

Nombre d'interprétations jouent effectivement sur ce manque d'informations pour présenter une image caricaturale de l'Islam[2]. Ainsi John Tasioulas soutient-t-il que les autorités du Kazanistan « peuvent exiger des femmes qu'elles revêtent le *hejab* en public (un code vestimentaire qui impose de se couvrir le corps de la tête aux pieds) leur déniant le droit de poursuivre des études supérieures et donc le droit à l'emploi »[3].

On notera d'abord la confusion entre *niqab* et *hijab*, l'auteur n'ayant même pas pris la peine de vérifier la différence entre les deux,

---

1. *Ibid.*

2. S'agissant de l'image caricaturale de l'Islam et donc d'une certaine ignorance de la réalité des choses, il est important de signaler que Rawls lui-même est loin d'être exempt de tout reproche. Ainsi, dans une note pour le moins édifiante consacrée au cas des sociétés dites « entravées », le philosophe s'excuse presque de penser que la religion, en l'occurrence l'Islam, n'est pas nécessairement à l'origine de l'asservissement des femmes. Semblant vouloir prévenir tout critique qui pourrait lui être faite en ce sens, il entreprend de se cacher derrière les « auteurs musulmans » : « je dis ceci parce que de nombreux auteurs musulmans nient que l'Islam justifie l'inégalité des femmes que l'on observe dans de nombreuses sociétés musulmanes, et l'attribuent à des facteurs historiques variés », *DP*, p. 135, n° 39 / *LoP*, p. 110, n. 39. Dans un autre genre, Michael Gross nous explique que dans la nation hypothétique du Kazanistan imaginée par Rawls, la loi islamique est à l'ordre du jours, et les amputations et autres châtiments corporels font partie intégrante de l'application de la justice islamique traditionnelle », « Doctors in the Decent Society : Torture, Ill-Treatment, and civic Duty », *Bioethics*, vol. 18, 2, 2004, p. 181.

3. J. Tasioulas, « From Utopia to Kazanistan : John Rawls and the Law of Peoples », *Oxford Journal of Legal Studies*, vol. 22, n°2, 2002, p. 383.

ce qui laisse supposer l'intérêt et le respect accordés à ces « cultures d'ailleurs ». Il est par ailleurs intéressant de remarquer que la premier signe d'oppression relevé par Tasioulas est le port du voile, l'éducation venant en second lieu, une hiérarchisation qui en dit long sur la façon anecdotique et folklorique dont un certain Occident perçoit le statut des femmes orientales. Ceci est en outre d'autant plus révélateur que l'on se demande pourquoi les institutions du Kazanistan permettraient aux de femmes de poursuivre des études supérieures alors que le droit à l'éducation (un droit non genré, qui plus est) n'est pas garanti. Par ailleurs, et si l'on prend au sérieux son raisonnement, en quoi le fait de ne pas faire d'études supérieures vous priverait d'office d'avoir un emploi ?

Il ne s'agit évidemment pas là de cautionner cette privation de liberté, mais de s'étonner de la nature de la critique qui est faite du minimalisme des droits de l'homme caractéristique des sociétés décentes *lorsque le statut des femmes est évoqué.* De fait, ce qui intéresse Tasioulas semble plus relever de la caricature que de la réalité, d'autant plus que sa référence en la matière est, on ne sait objectivement pourquoi, l'Iran. Ironisant sur la formule de Rawls, il ainsi conclut sur le caractère paradigmatique du Kazanistan : comment pourrions-nous espérer, aujourd'hui, avoir *aussi bien* que ladite société décente, quand « une société islamique actuelle comme l'Iran a plus de points communs avec l'Angleterre du XVII e siècle » [1] ?

Tout se passe au final comme si « le fait de caractériser le Kazanistan comme "musulman" l'associait à une série de pratiques discriminatoires

---

1. J. Tasioulas, « From Utopia to Kazanistan : John Rawls and the Law of Peoples », *op. cit.*, p. 384. J. Tasioulas cite T. M. Franck, *The Empowered Self* : *Law and Society in the Age of Individualism*, 1999, p. 123 *passim*. Indépendamment du caractère douteux de l'argument, Tasioulas ne semble pas avoir saisi que ce type d'objection, qui rapporte le Kazanistan à une réalité existante, va à contre-courant de l'esprit même de « l'utopie réaliste » telle que la conçoit Rawls, savoir « faire reculer ce que la réflexion ordinaire conçoit comme les limites des possibilités politiques pratiques » et, ce faisant, « nous réconcilie[r] avec notre condition politique et sociale » (*DP*, p. 24). Dans la mesure où « les limites du possible ne sont pas données par le réel », il est en effet impératif, selon le philosophe américain, de nous « fonder sur la conjecture et la spéculation » (*ibid.*, p. 25).

beaucoup plus contraignantes que celles que l'on trouve dans la plupart des pays islamiques » [1]. A telle enseigne que l'on finit par se demander ce qui distingue réellement les sociétés entravées des sociétés décentes *au regard du statut de la femme*. Rappelons ce que dit Rawls des premières :

> On répète qu'il n'existe aucune recette facile pour aider une société entravée à changer sa culture politique. Il n'est généralement pas désirable de lui distribuer des fonds et l'usage de la force est interdit par le Droit des Peuples. *Certains types de conseils peuvent toutefois s'avérer utiles, et les sociétés entravées gagneraient à s'intéresser tout particulièrement aux intérêts des femmes* [2].

On ne voit dès lors pas (plus) pourquoi un glissement ne pourrait pas s'opérer par lequel le Kazanistan pourrait, lui aussi, bénéficier de « conseils » destinés à « sauver » ses femmes, les prévenant ainsi de l'asservissement qui les guette.

Cette « rhétorique du salut », l'on s'en doute, n'est pas propre à Rawls. Dans un livre au titre aussi explicite que polémique [3], l'anthropologue Lila Abu-Lughod dénonce la posture des femmes de la bonne société américaine, à l'image d'une Laura Bush se félicitant de la libération des femmes indigènes du joug taliban suite à la victoire des forces de la coalition en Afghanistan en 2002. S'étonnant de cette tendance occidentale, proprement féminine cette fois-ci, à vouloir arracher les femmes musulmanes à leur statut de mineures éternelles, elle explique qu'« il est problématique d'envisager la femme afghane ou musulmane comme une personne ayant besoin d'être sauvée ». Car « lorsque vous sauvez quelqu'un, vous le sauvez nécessairement de quelque chose. Vous le sauvez, par ailleurs, *en vue* de quelque chose. Quelles violences sont impliquées par cette transformation ?

1. A. Norton, *On the Muslim Question*, *op. cit.*, p. 97. Il est d'ailleurs intéressant de se demander dans cette perspective dans quelle mesure Rawls n'avait pas plutôt en tête le modèle mormon lorsqu'il a imaginé son Kazanistan plutôt qu'un quelconque pays musulman.

2. *DP*, p. 135 / *LoP*, p. 110. Nous soulignons.

3. L. Abu-Lughod, *Do Muslim Women Need Saving?*, Harvard University Press, Cambridge, Mass-London, 2013.

Quelles présomptions sont faites quant à la supériorité de ce pourquoi vous les sauvez? Les projets de sauver des femmes différentes se fondent sur un sentiment de supériorité, [un sentiment qu'ils] renforcent par ailleurs. Ils représentent une forme d'arrogance qui mérite d'être combattue » [1]. Et qui mérite d'autant plus de l'être qu'elle s'accompagne quasi-immanquablement d'une ignorance non pas simplement de l'histoire et des traditions des peuples qu'on prétend sauver, mais des réalités économiques et des enjeux géo-stratégiques du moment. Car c'est précisément cette conjoncture qui est à l'origine d'un certain nombre de phénomènes inédits et non une culture qu'on ne convoque que pour lui attribuer la maternité de dérives typiquement globales.

Comme l'exprime très justement Deniz Kandiyoti, un grand nombre d'abus exercés à l'encontre des femmes afghanes (notamment, par exemple, la « coutume » consistant à vendre des jeunes filles à de vieux messieurs) ne doivent pas être considérés comme des extensions des us locales :

> Ce que le regard occidental prend pour une tradition est très souvent la manifestation de formes à la fois nouvelles et plus brutales d'assujettissement des faibles, rendues possibles par une économie criminelle, un manque total de sécurité et une érosion des liens de confiance et de solidarité laminées par la guerre, les bouleversements sociaux et la pauvreté [2].

Opérer un lien avec sa théorie de la justice domestique aurait pourtant pu permettre à Rawls d'éviter un grand nombre de critiques. L'on ne peut s'empêcher de relever l'ironie qu'il y a à mettre en avant les injustices dont souffre la femme dans les sociétés libérales dans ses écrits « locaux » tout en continuant à stigmatiser la condition de leurs congénères en terre d'Islam.

Pourtant, les exemples abondent qui auraient dû inciter Rawls à amender son propos d'une manière ou d'une autre. Ainsi en être d'une

---

1. L. Abu-Lughod, *Do Muslim Women Need Saving?*, *op. cit.*, p. 46-47.

2. D. Kandiyoti, « The Lures and Perils of Gender Activism in Afghanistan » (Anthony Hyman Memorial Lecture, School of Oriental and African Studies, University of London, 2009 ; mrzine.monthlyreview.org / 2009 / kandiyoti041109p.html).

certaine manière (et au demeurant à juste titre) réduit réaffirmer avec force l'égalité des hommes et des femmes dans la sphère familiale, n'est pas anodin : « comme les épouses sont autant que leurs maris des citoyens libres et égaux, elles ont les mêmes droits, libertés de base et possibilités qu'eux », explique le philosophe, sans être interpellé par ce que la nécessité d'une telle réaffirmation d'un principe de base peut avoir comme conséquences sur sa façon d'envisager le statut de la femme dans les sociétés décentes [1]. De la même manière, reconnaître qu'« une injustice historique à l'égard des femmes est qu'elles ont supporté, et continuent de supporter, le poids des activités consistant à élever les enfants et à s'en occuper », tout en élaborant, explicitement ou par défaut (en donnant aux uns et aux autres l'occasion d'occuper les vides laissés par une description sommaire du Kazanistan) une image caricaturale de la femme kazanisti, voilà qui ne peut qu'engendrer l'incompréhension du lecteur [2].

*

Comme le résume parfaitement Anne Norton,

> Il [Rawls] ne donne pas l'occasion [...] à sa connaissance de l'échec occidental de corriger son identification de l'Islam à l'asservissement des femmes ou d'interroger l'identification des États libéraux démocratiques à l'Occident. La différence entre le monde musulman et l'Occident se donne à voir pour une part non négligeable en raison de la propension rawlsienne à contraster un Occident idéal, et idéalement libéral, avec un mode musulman actuel (et pas le meilleur de ce qui peut exister en la matière) mais aussi à placer les réussites musulmanes là où il place les échecs occidentaux : dans le passé [3].

Le Kazanistan rawlsien reconduit ainsi de manière relativement pernicieuse les clichés orientalistes les plus éculés, révélant ainsi la

---

1. « L'idée de raison publique reconsidérée », dans *Paix et démocratie, op. cit.*, p. 189 / « The Idea of Public Reason Revisited », p. 159.
2. *Ibid.*, p. 190.
3. A. Norton, *On the Muslim Question, op. cit.*, p. 100.

vérité d'une dystopie qui ne dit pas son nom. Au-delà de cela, c'est toute la typologie des États que le philosophe dresse dans son Droit des peuples qui perd toute crédibilité : que peut bien encore signifier une société décente lorsqu'on ne fait qu'y projeter manichéisme, ignorance et préjugés ?

CHAPITRE II

« DÉCOLONISER SHÉHÉRAZADE »

DÉSIR ET FIGURE DE LA FEMME DANS LE MONDE ARABE MÉDIÉVAL

Les préjugés qui fondent l'utopie musulmane de Rawls n'ont, l'on s'en doute, rien d'inédit[1]. La figure de la femme arabe, dans l'imagerie classique, est immanquablement associée à un certain nombre de poncifs qui ont la peau dure : femme soumise, confinée voire otage de la sphère privée, femme-objet sacrifiée sur l'autel du plaisir masculin, une subalterne n'ayant aucun droit à la parole. Une certaine littérature coloniale, s'est même faite le porte-parole de cette image très peu flatteuse, donnant à voir le rôle d'esclave sexuelle de cette femme arabe qui, asservie par un homme brutal et bestial, n'en alimente pas moins les fantasmes d'un « sous-érotisme » de carte postale[2]. On pourrait dire, en reprenant la formule ironique de Gayatri Spivak, que les Arabes, comme les Hindous, ont fini par se retrouver dans cette situation pour le moins paradoxale, et somme toute aberrante, dans la mesure où « des hommes blancs [très peu désintéressées] [se sont mis en tête de] protéger et sauver les femmes de couleur des hommes de couleur »[3].

1. Et qui fondent au demeurant, plus généralement, sa vision d'une société « décente ». Nous avions consacré un travail à cette question en initiant une lecture postcoloniale de la typologie rawlsienne dans « Identités et cultures dans un monde global », *Langage, Connaissance et Actions*, Tunis, Publications de la Faculté des Sciences Humaines et Sociales de Tunis, 2009, p. 261-280, ainsi qu'une analyse proprement décoloniale dans « Décoloniser la justice globale. Le droit des peuples rawlsien reconsidéré », du Colloque « Sens de la justice et sciences sociales : approches croisées », Paris, Sorbonne, 24-25 janvier 2013, actes à paraître aux Éditions Garnier.

2. On pense ici au livre de Malek Alloula, *Le Harem colonial. Images d'un sous-érotisme*, 2ᵉ édition augmentée Paris, Séguier, 2001 (Genève, Slatkine, 1981 pour la première édition), qui donne à voir les stéréotypes de l'imagerie coloniale.

3. « Can the Subaltern Speak ? Speculations on Widow Sacrifice » *Wedge* 7,8, Winter / Spring 1985 ; une traduction française existe depuis 2009, Paris, Amsterdam.

Néanmoins, incriminer une « *certaine* littérature coloniale », voire une *certaine* « posture » occidentale, ne suffit pas. De fait, une *certaine* tradition arabo-islamique, en entretenant l'idée que la femme est un être inférieur a ouvert la voie à ce type de lecture culturaliste et légitimé son existence, tout en favorisant l'émergence d'une tierce attitude, celle de « laïques musulmanes »[1]. Mais en s'essayant à combattre cette image désastreuse d'une femme asservie et soumise, ces dernières ne font, en dernière instance, que renouer, plus ou moins totalement, avec une image féminine occidentale contre laquelle elles savent par ailleurs s'insurger avec talent.

L'exemple de Fatima Mernissi, tout récemment décédée, est, à cet égard, éclairant. Clairement considérée comme « une féministe laïque »[2], la sociologue marocaine oscille entre dénonciation de l'orientalisme et tentation iconisante qui peut, à certaines occasions, la faire renouer avec des travers typiquement orientalistes. C'est ainsi qu'on trouve dans ses écrits une critique bien réelle de la vision dont l'Occident perçoit les femmes du harem. Mernissi stigmatise ainsi ce « harem occidental » qui n'existe que dans les fantasmes orientalistes (essentiellement picturaux), faits d'« odalisques » plantureuses et alanguies dont la représentation donne à voir un lien sournois entre « volupté et asservissement »[3]. Ce harem occidental s'oppose à la vérité du harem oriental tel que représenté par les artistes musulmans. « Plus réalistes », ces derniers, explique Mernissi, tournent le dos à cette célébration de la femelle soumise, « vulnérable et parfaitement heureuse de [sa] captivité »[4]. Ainsi, « même dans leurs représentations les plus fantasmatiques (miniatures, légendes ou

---

1. Ainsi que définies par Margot Badran : les musulmanes laïques (*secular Muslims*) sont des femmes dont « la façon d'être musulmane apparaît publiquement moins évidentes » et ce, indépendamment du fait qu'elles se sentent plus ou « moins à l'aise avec ce vocabulaire », « Féminisme islamique : qu'est-ce à dire », dans Z. Ali (dir.), *Féminismes islamiques*, Paris, La Fabrique, 2012, p. 43.

2. Bien que « pionnière de la réflexion sur le féminisme islamique », comme le rappelle fort justement Badran, Mernissi ne « revendique pas cette identité », M. Badran, « Féminisme islamique : qu'est-ce à dire », *op. cit.*, p. 44 et 53.

3. F. Mernissi, *Le Harem européen*, Casablanca, Le Fennec, 2003, p. 21.

4. *Ibid.*, p. 22.

livres) [...] ils intègrent cette réalité que les femmes, conscientes d'être opprimées, ne sont pas consentantes »[1].

Mais par ailleurs, en cherchant un féminisme à l'œuvre là où il n'y en a pas, elle finit par se rabattre sur une « épistémologie de la figure » totalement contre-productive qui enrichit à sa façon l'imagerie coloniale : à la « Belle Fatma » ou à la « Mauresque » fantasmées, font ainsi écho la « sultane oubliée », la femme de pouvoir, « la femme chef d'État en Islam », membre d'un harem certes, mais d'un harem foncièrement « politique »[2]. De la carte postale à l'icône, le syndrome du « futur antérieur »[3] perdure et s'étoffe : à la recherche d'un âge d'or révolu, au refus d'assumer un héritage foncièrement machiste, vient s'ajouter une demande éperdue de reconnaissance formulée sur le mode du « nous sommes comme vous », voire, c'est selon, du « vous êtes comme nous »[4].

---

1. *Ibid.*

2. S'agissant des femmes politiques influentes en Islam, l'on aura ici reconnu la référence à deux autres titres de la même Fatima Mernissi, *Sultanes oubliées : femmes chefs d'État en Islam*, Paris, Albin Michel, 1990 ainsi que *Le Harem politique : Le Prophète et les femmes*, Paris, Complexes, 1999.

3. A. Laroui, *L'idéologie arabe contemporaine*, Paris, Maspéro, 1967, p. 65-69. Autour de la prégnance de ce syndrome du « futur antérieur » dans le monde contemporain, voir S. Mestiri, « L'Islam, un interlocuteur démocratique ? », *Diogène*, n°226, Paris, 2009.

4. Ce « nous sommes comme vous », s'incarne, chez Fatima Mernissi, dans la manière qu'elle a par exemple de tempérer l'interdit relatif à la consommation du vin dans le Coran. Malgré l'interdit, le vin est largement consommé : « dans beaucoup de pays musulmans comme le Maroc, le vin est vendu librement, sauf durant le mois de Ramadan » ; cette « actualité du vin », légitimée par l'Histoire (« l'engouement pour le vin » faisait partie des « mœurs de nos ancêtres ») est en dernière instance universalisée, voire transfigurée : « les musulmans, comme les chrétiens et les juifs, ne sont pas tous des anges ; beaucoup commettent des péchés », *Le Harem européen, op. cit.*, p. 152. « Nous sommes comme vous, car nous sommes tous les mêmes », tel semble être le véritable message de Mernissi. Plus ambivalent est le « vous êtes comme nous » qui transparaît dans la volonté de comprendre l'orientalisme d'Ingres, en reconstruisant ce qui a pu le conduire à représenter la femme arabe de la manière caricaturale qui est la sienne. *Fonder en raison*(s) (personnelles) la démarche d'Ingres, c'est aussi lui *donner raison* – ce qui n'est pas peu. Mais c'est aussi l'occasion, pour Mernissi, de donner à voir une image totalement stéréotypée de la femme orientale, assimilée, comble de tout, à la *jarya*, la courtisane : « Sa femme [l'épouse d'Ingres] était-elle

Notre propos, précisément, est de déconstruire cette image trois fois faussée en déplaçant l'attention sur la question de la sexualité, essentiellement à travers la littérature érotique arabe médiévale. Deux points méritent ici d'être mentionnés. Il importe d'abord de préciser que ce genre très particulier n'en a pas moins une réelle assise sociologique et qu'il correspond, de ce fait, à une réalité aisément déterminable sur le plan historique. Il est impératif, ensuite, de comprendre (point qui n'est pas sans lien avec le précédent) que nous avons affaire en l'espèce à l'*ars erotica* du désir satisfait et non à la *scientia sexualis* du désir insatiable. Cette distinction foucaldienne a le mérite de mettre en avant l'idée que ce qui est en jeu ici, ce n'est pas le désir d'être désiré occidental (dont Bataille est l'un des chantres) mais bien plutôt la complicité et la complémentarité sexuelles entre partenaires.

Nous aimerions ainsi montrer que la femme arabe, loin d'être la victime d'un machisme tout oriental, est partie prenante d'une sexualité épanouie, revendiquant et assumant son droit au plaisir. Il apparaît ainsi, et de manière remarquable, que le plaisir est avant tout et par excellence une affaire féminine, une sphère où le sexe prétendument faible revêt toutes les apparences d'un sexe fort.

Nous esquisserons, dans un premier temps, l'arrière-plan qui légitime la grille de lecture que nous défendons, à savoir l'idée que le sexe, en Islam, n'est ni sale, ni culpabilisant – bien au contraire (I). En effet, si la sexualité est vécue sereinement et si le plaisir est recherché pour lui-même, dans une réelle fête des sens, alors nous avons de bonnes chances d'espérer que la femme soit, en la matière, un acteur effectif dans la mesure où une fête ne réussit que par les efforts conjugués des participants ; c'est précisément ce que nous tenterons de montrer dans un deuxième temps (II). Mais si cette fête se révélait l'occasion de consacrer une suprématie qui n'existait jusque-là qu'en puissance ? Si l'égalité sexuelle initiale n'était que

jalouse quand il se penchait des heures durant sur les reins et les hanches de sa *Grande Odalisque ? La femme arabe que je suis l'aurais été, et je l'aurais surveillé de très près, exactement comme les* jarya *surveillaient de très près le khalife* », *ibid.*, p. 165 (nous soulignons).

superficielle et que la balance penchait, non en faveur de l'homme, comme l'on s'est longtemps plu à le croire, mais de la femme ? Un tel inversement du rapport de forces n'est toutefois pas sans poser problème, en ce qu'il apparaît lui-même potentiellement gros d'une reconduction de l'image coloniale de la femme arabe. Nous montrerons dans un ultime moment (III) que « décoloniser Shéhérazade » passe par la mise en avant d'une modalité fondamentale de sa suprématie, trop souvent occultée par le « sous-érotisme » occidental – Shéhérazade est essentiellement, celle qui *sait* – mais aussi par l'exploitation du ressort fantasmatique à l'œuvre dans l'imaginaire septentrional.

I

Dans son livre *La blessure du nom propre*, le penseur marocain Abdelkebir Khatibi a cette phrase très juste qui résume parfaitement le lien essentiel qui unit érotisme et Islam. Il écrit ainsi :

> Ce postulat divin, acceptons-le à la lettre, joyeusement ; le jeu proposé […] sera de pervertir la lecture inscrite dans une clôture religieuse, l'éperdre jusqu'au rire hilare et à la violence coïtante. Le Coran est donc la parole rituelle apéritive, un prétexte au coït. Le texte annonce le coït, le coït défigure, fait flotter le tourbillon des mots, de leurs variations. En ce flottement prend essor, comme un oiseau affolant, l'érotique [1].

Cette idée, *a priori* fort subversive, selon laquelle le sacré se trouve en réalité n'être que le moyen ou le vecteur du profane, a une pertinence que la littérature érotique arabe ne laisse pas démontrer. Ainsi l'étonnant ouvrage du Cheikh Nefzaoui [2], qui fait partie d'une tradition consacrée, celle des « théologiens de l'amour » ou des

---

1. A. Khatibi, *La blessure du nom propre*, Paris, Denoël, 1974, p. 161.
2. Théologien tunisien du XVIᵉ siècle, originaire du sud du pays (Nefzaoua). Auteur de *La prairie parfumée où s'ébattent les plaisirs*, traité d'érotologie qu'il rédigea vers 1520 à la demande du bey de Tunis dont la vigueur sexuelle laissait à désirer. D'après la légende, Nefzaoui aurait été condamné à mort et c'est pour sauver sa tête qu'il aurait entrepris la rédaction de ce manuel érotique à l'usage de son monarque. Nous utilisons ici l'établissement et la traduction de René Khawam, Paris, Phébus, 2003. Dorénavant *PP*.

« cheikhs aimants » (Malek Chebel), commence-t-il par invoquer la puissance divine, qui, dans son Infinie Grandeur, a mis tout en œuvre pour le plaisir des sens. Qu'on ne s'y trompe pas : il ne s'agit pas d'une règle de genre, consistant à se placer sous le patronage des Saintes Ecritures, un artifice, une sorte de passage obligé pour toute création littéraire. C'est bien plutôt d'un lien intrinsèque, quasi-organique, entre religion et sexe, qu'il est question ici : la force incantatoire des louanges de Nefzaoui se donne à voir comme un prélude au sexe, comme des préliminaires enivrants, sur le mode de la mystique soufie. Comme l'écrit très justement le sociologue tunisien Abdelwahab Bouhdiba, généralisant le propos, « l'existence islamique est faite de l'alternance et de la complémentarité de l'invocation du verbe divin et de l'exercice de l'amour physique [1].

Les choses sont encore plus claires dans cette anecdote rapportée par Ibn Suleiman, auteur lui aussi d'un traité érotique [2], destiné à faire recouvrer leur vigueur sexuelle aux vieillards en perte de vigueur. Il écrit ainsi :

> Un homme dit un jour à sa femme : "je viens d'entendre un prêche et tu sais quoi ? Quand un homme fait l'amour à sa femme, c'est comme s'il avait tué un infidèle". La femme répondit : "Tue tant que tu peux alors !" [3].

Ainsi, comme on peut aisément le constater, dans le discours et dans les actes, se mêlent profane et sacré, religion et sexe. Faire l'amour devient ainsi un fondement de l'Islam dans la mesure où le rapport sexuel apparaît comme l'incarnation du *djihâd*, ainsi que le laisse clairement voir la métaphore utilisée. Cette métaphore est filée dans la suite de l'anecdote, où le sexe masculin est comparé à une

---

1. A. Bouhdiba, *La sexualité en Islam*, Paris, P.U.F., p. 8.
2. Né en 1468 (?) dans l'actuelle Turquie, mort en 1533, Ibn Suleiman est professeur et juge militaire, descendant en droite ligne des émirs ottomans, il est l'auteur du traité intitulé *Retour du cheikh à sa jeunesse pour la vigueur et le coït*, traité qui lui fut commandé officiellement par le sultan Sélim I er, dont la sexualité commençait alors à péricliter. L'ouvrage a été traduit par Mohamed Lasly sous le titre *Le Bréviaire arabe de l'amour*, Paris, Picquier, 2012. Dorénavant *BA*.
3. *BA*, p. 106.

épée, et non des moindres, puisqu'il s'agit de celle de Ali ibn Abi
Taleb, l'un des Cinq Califes Bien Guidés de l'Islam, successeurs du
prophète Mahomet. En effet, à sa femme qui n'a eu de cesse de le
harceler toute la nuit, le mari répond, épuisé mais plein d'humour
qu'il veut bien accomplir son devoir de musulman en tuant les
mécréants, mais qu'il ne possède pas l'épée de Ali, connu pour ses
hauts faits d'armes.

Autre anecdote qui va dans le même sens que la précédente, celle
narrée par Tîfâchî, autre grand nom de la littérature érotique [1]. Dressant
une typologie de ce qu'il nomme les agents de débauche, à savoir
ces hommes et ces femmes par qui la luxure s'immisce dans les foyers
et en pervertit les membres, Tîfâchî s'attarde sur une figure féminine
pour le moins particulière, « la spécialiste du pèlerinage à la Mecque ».
De manière très claire la religion, et son pilier le plus noble, deviennent
alors prétextes à la fornication. Le pèlerinage est ainsi totalement
vidé de son sens initial. Complètement instrumentalisé, il apparaît
comme « générateur de sexe », au même titre que toute une série
d'autres vecteurs, tout à fait profanes, sortis tout droit de l'imagination
débordante de ces agents de débauche. Comme l'écrit Tîfâchî, à
propos de cette femme pousse-au-vice, « l'invocation de la loi sacrée
du pèlerinage lui permet d'arriver d'autant mieux à ses fins ». Rien
d'étonnant, dès lors, qu'elle se serve exclusivement, pour réaliser ses
desseins sensuels, de reliques sacrées ou supposées telles. Tîfâchî
est, encore une fois, on ne peut plus explicite là-dessus : « tel morceau
d'étoffe de soie noire prétendument arraché au voile du sanctuaire,
tel morceau de terre provenant, à l'en croire, du tombeau illustre de
Mahomet » [2]. Nous touchons là au symbole mais ce serait une erreur
de voir de la subversion là où il n'y a en réalité qu'un juste retour
des choses, et finalement, l'obéissance pure et simple à la volonté

1. Né en 1184 dans la région de Gafsa, au centre de la Tunisie. Homme de grande
culture, féru de voyages, il étudia le droit, la jurisprudence, les sciences naturelles,
l'astrologie et la poésie. Contrairement à Nefzaoui qui tend vers le genre kamasutresque,
Tîfâchî privilégie le registre du conte, de l'anecdote et de l'historiette érotiques. Son
ouvrage a été traduit par René Khawam sous le titre *Les Délices des cœurs*, Paris,
Phébus, 1998. Dorénavant *DC*.
2. *Ibid.*

divine. Dieu n'a-t-il pas enjoint aux musulmans de forniquer, de s'accoupler, et n'a-t-il pas fait mention de la Fierté toute divine de voir les fidèles s'engager dans cette voie[1] ?

Religion et sexe forment ainsi un couple inséparable ; du fait de ce lien indissoluble, nulle trace, chez les musulmans, d'une quelconque théorisation de la notion de souillure, de péché de la chair, comme on peut la trouver dans d'autres traditions. Bouhdiba défend cette idée en expliquant que « l'Islam ne cherche pas à déprécier, encore moins à nier le sexuel. Il lui confère au contraire un sens grandiose et lui donne une investiture transcendantale telle que la sexualité se trouve déculpabilisée »[2].

Pour le dire dans des termes foucaldiens cette fois-ci, la sexualité n'est pas affaire de « problématisation » ; un certain nombre de questions ne se posant pas dans l'éthique musulmane, il n'y a pas à mettre au jour, comme le faisait Foucault dans son *Histoire de la sexualité*, une généalogie subjective, c'est-à-dire une « étude des modes selon lesquels les individus sont amenés à se reconnaître comme des sujets », en l'occurrence sexuels[3]. Le sujet sexuel, est, chez les Arabes, déjà là, précisément en raison de la conjonction entre foi et plaisirs de la chair.

II

Ainsi, si le sexe est essentiellement déculpabilisé chez les musulmans en raison de son « assimilation par la religion », si le sujet sexuel est d'emblée donné, et qu'il n'est, de ce fait, ni à exhiber, ni à circonscrire par la mise au jour d'un certain nombre de pratiques, voire de figures sexuelles, s'il ne requiert pas une sorte d'archéologie sensuelle, alors nous avons de bonnes chances d'espérer que la femme musulmane jouisse du statut d'acteur sexuel à part entière.

---

1. Coran, sourate II, verset 187.

2. A. Bouhdiba, *La sexualité en Islam, op. cit.*

3. M. Foucault, *Histoire de la sexualité I, La volonté de savoir*, Paris, Gallimard, 1976, p. 11.

Il se trouve effectivement qu'en matière de sexe, l'égalité homme-femme est une réalité incontournable. Il semble que l'on soit très loin du machisme et du prétendu pouvoir souverain de l'homme sur la femme, lorsque l'on se plaît à répéter que les deux sexes sont à égalité dans la relation amoureuse. Or c'est là, précisément, un véritable leitmotiv de la littérature érotique arabe. L'égalité ainsi conçue n'est pas un vain mot : elle suppose aussi d'assumer conjointement une responsabilité sexuelle, garante de la bonne santé du couple. Comme l'écrit ibn Suleiman : « c'est tous les deux qu'ils doivent veiller à entretenir cette représentation auto-suggestive et idéale qu'ils doivent avoir d'eux-mêmes. Plus cette représentation perdure dans le temps, plus leur affection durera »[1]. Nous sommes là à l'opposé de l'image du rustre qui prend les femmes à tour de bras, sans leur demander leur avis, car tel serait son bon plaisir.

En effet, les Arabes ont saisi très tôt l'importance d'un « contrat sexuel » entre partenaires, mélange de respect, de douceur et d'écoute mutuelles. Dans une phrase étonnante de modernité que n'aurait pas nié les sexologues et autres thérapeutes de couple, Suleiman affirme ainsi qu'il « est recommandé que l'homme et la femme se parlent franchement, dans une libre communication : cela cimente les cœurs, éloigne l'ennui et comble de joie l'un et l'autre »[2].

Dans ce contrat sexuel, l'homme et la femme sont, au sens juridique du terme, pleinement sujets, jouissant de droits mais redevables également d'un certain nombre de devoirs. Ainsi, si la femme doit veiller, comme l'enseignent les différents traités d'érotologie, à s'enduire de parfums et, en substance, à éveiller le désir de son partenaire, l'homme, lui ne saurait être en reste : l'homme, écrit le même Suleiman, « doit tenir à la bonne image que la femme se fait de lui. Il doit veiller à ce que sa toilette ne manque pas des parfums les plus délicats » et ne surtout pas manquer d'imagination s'agissant des préliminaires.

---

1. *BA*, p. 196.
2. *Ibid.*, p. 190.

Nul étonnement, dès lors, que le contrat sexuel érige l'égalité dans le plaisir en principe. Ainsi, le Cheikh Nefzaoui explique-t-il que « c'est un art que de porter la sensualité féminine au point d'effervescence qui conduit à la parfaite jouissance. Sans se hâter, en accomplissant toutes les formalités qui sont les étages nécessaires de la volupté complète. Le plaisir doit être réciproque pour être vraiment la grande fête des sens : l'homme qui ne s'occupe que de jouir sans faire jouir en même temps que lui est un malheureux qui gaspille ses forces viriles » [1]. Mais la réciproque est également vraie, ainsi que le donne à voir la formulation sexuellement neutre de Suleiman lorsqu'il écrit que « si par négligence ou par inadvertance l'un des deux jouit seul, l'autre ne peut être que frustré de son orgasme et il sera fort déçu » [2].

Mais l'égalité, c'est aussi l'égalité dans l'adultère, une égalité assumée, voire revendiquée sur le mode de la loi du talion. Ahmed ibn Suleiman rapporte à ce titre une histoire tout à fait savoureuse. Le cortège de la femme du calife se trouva à passer devant la maison, ou plutôt la masure, d'un homme d'une « laideur effroyable » et doté, qui est plus est, d'une vue très faible. Après l'avoir bien regardé et jaugé, elle déclina son identité et lui enjoignit de la prendre sur le champ et de faire d'elle ce qu'il voulait. N'en croyant pas ses oreilles, il accepta avec une joie cette occasion pour le moins rare pour lui. Lorsque la chose fut faite, il demanda à la femme du calife les raisons de ce comportement royal. Elle lui répondit la chose suivante : « Et bien, sache que le calife me préfère une servante ! Est-elle belle seulement ? Non, détrompe-toi, elle est si vilaine et si laide qu'elle te ressemble ! Depuis, j'ai fait le serment devant Dieu de me donner au plus vilain homme que la terre puisse engendrer, et tant que cette relation entre le calife et sa femme durera, tant pis pour lui, je donnerai mon sexe en étrennes à un homme comme toi ! Que la paix t'accompagne ! » [3].

1. *PP*, p. 188.
2. *BA*.
3. *BA*, p. 101.

Cette liberté de ton et de comportement s'explique par le fait qu'en matière de sexe, « la femme est un homme comme les autres ». En effet, le désir, le manque, la frustration ne sont pas réservés aux hommes, la femme n'étant là que pour assouvir les besoins du mâle en rut. Bien au contraire ! Citons à titre d'exemple, les propos de Hamdouna la chanteuse, héroïne d'une historiette rapportée par Nefzaoui : « La femme désire l'homme comme la jument désire l'étalon, qu'elle ait un mari auprès d'elle ou non, explique-t-elle à l'homme sur lequel elle a jeté son dévolu et qui s'étonnait de sa lubricité alors qu'elle avait manifestement un homme à la maison. Observe la jument, poursuit-elle : elle désire le mâle, et elle peut l'attendre longtemps, si un étalon ne l'assaille pas. La femme désire un homme rien qu'en écoutant ses paroles, lorsqu'elle en a été privée durant un certain temps. Comment ne réagirais-je pas violemment, conclut Hamdouna, alors que je suis courroucée contre mon mari depuis plusieurs jours ? Rassemble ton courage et frappe dans cet huis délicieux et fiévreux » [1].

Rien n'empêche donc la femme d'être l'initiatrice de la relation sexuelle, ce qui suppose aussi d'avoir toute latitude de se refuser quand on le cœur et le corps n'y sont pas. Refuser de se donner est même, dans un cas très particulier, élevé au rang d'institution, et pour cause : une coutume arabe, rapporte ibn Suleiman, « voulait que la femme se refuse avec vigueur et détermination la nuit de ses noces. Si elle y parvenait, on disait d'elle qu'elle avait passé cette nuit, à plus d'un titre fameuse, en femme libre. Mais dans le cas contraire, on disait d'elle qu'elle avait vécu une nuit "grise". Il n'y avait pas plus grave insulte », conclut le narrateur [2].

La symbolique, on le reconnaîtra aisément, est ici très forte. Il s'agit ni plus ni moins de donner le ton à ce que sera la future vie conjugale, de faire entendre au mari que c'est la femme qui décide de se donner ou de se refuser, et qu'on ne saurait la contraindre à une relation sexuelle qu'elle ne souhaite pas. Quelle meilleure façon de

1. *PP*, p. 63.
2. *BA*, p. 197.

faire passer ce message que de se refuser le jour où l'on doit, par définition, se donner ? Quand on voit combien les femmes ont dû se battre de nos jours pour commencer un tant soit peu à faire reconnaître le « viol conjugal », on ne peut, me semble-t-il, qu'être admiratives devant ces femmes arabes qui très tôt ont su imposer leurs propres règles en matière de commerce charnel.

Mais bien évidemment, être l'initiatrice de la relation sexuelle, comme évoqué précédemment, c'est aussi provoquer le désir de l'autre. C'est au demeurant un thème très couru dans la littérature érotique arabe que celui de la femme lubrique, quasi nymphomane, que rien n'arrête et qui ne laisse rien ni personne se mettre en travers de son désir. Parce que c'est uniquement le sexe qui l'intéresse et parce qu'elle sait très exactement ce qu'elle veut, la relation sexuelle s'apparente à une transaction dont les termes sont clairement voire crûment énoncés. Mais on aurait tort, en l'espèce, d'y voir un machisme féminin faisant l'apologie de l'homme-objet, totalement instrumentalisé. Car le mâle accepte parfaitement les modalités du contrat qui le lient à sa belle chose dans la mesure où l'égalité de principe entre les deux sexes désamorce toute velléité d'ascendant de l'un sur l'autre.

La présente anecdote, rapportée par Tîfâchî, traduit très exactement cette idée. Un voyageur du nom de Mohamed, fraîchement arrivé en ville, croise le chemin d'une femme superbe, qui a tout le loisir de l'observer et de jauger ses qualités physiques et physiologiques. Elle le fait venir donc venir chez elle et s'adresse à lui en ces termes pour le moins directs :

– Je t'ai vu tout à l'heure occupé évacuer de l'eau dans un lieu retiré. J'ai eu le temps de voir la tête de ton sexe. Pénétrer avec force dans mon fondement est assurément le meilleur travail qu'il puisse accomplir. Es-tu disposé à me le vendre ?

– Si je comprends bien, répliqua-t-il, il s'agit d'une opération de vente sur échantillon ! Tes yeux ont donc vu mon sexe, fort bien ! Fais donc voir à mes yeux le tien. S'il me convient, je ne verrais aucun empêchement à te confier mon bien.

La belle s'étendit donc aussitôt par terre, leva bien haut ses jambes, repliées du mieux qu'elle pouvait :

– Donne, dit-elle alors, mets-le dans ma main, que je le place à l'entrée de mon ouverture ronde. S'il lui convient, je l'achète[1].

Ce qui interpelle, naturellement, est la manière froide et objective avec laquelle l'affaire est faite, et le consentement de Mohamed, emporté. Car le sexe est un bien comme un autre, et c'est à ce titre que personne ne s'offusque que les attraits de l'un et de l'autre soient examinés sans pudibonderie aucune, et leurs mérites supposés évalués crûment, sans détours ni périphrase. Après le libéralisme politique occidental, voici le libéralisme sexuel oriental, où homme et femme acceptent les règles du marché, c'est-à-dire les désidérata des corps, laissant parler leurs sexes, se défaussant derrière la volonté toute-puissante de ces derniers.

III

Cette idée selon laquelle la femme arabe est une femme libre, à l'écoute de son corps, avide de plaisir sexuel, les traités érotologiques aussi bien que la littérature érotique l'ont exploitée jusqu'à aboutir à une véritable mythification de la figure féminine. De la femme libre, gentiment libertine, nous passons à un autre registre, celui de la femme vorace et gloutonne, quasi-castratrice. Le pouvoir, à l'intérieur de cette problématique, est définitivement du côté de la femme. Nous ne sommes manifestement plus dans une relation d'égalité, mais bien dans un rapport de forces très nettement en faveur du féminin, où les codes traditionnels sont renversés. Pour reprendre la formule que le cheikh Nefzaoui met dans la bouche du roi Ali, « l'homme n'est pas autre chose qu'un dépôt confié à la fidélité des femmes »[2]. S'il y a un point qui fait l'unanimité chez les hommes, c'est bien en tout cas le fait qu'en matière de sexe, la femme est très nettement supérieure à l'homme.

Une telle affirmation peut naturellement se révéler totalement contre-productive. La suprématie sexuelle devenue nymphomanie

1. *DC*, p. 241.
2. *PP*, p. 94.

soumettant le mâle à l'insatiabilité castratrice d'une femme-femelle, voilà une réalité fortement susceptible de reconduire, sous une autre forme, le fantasme colonial : de la femme asservie à un « homme des cavernes » violent et bestial, nous passons à la mangeuse d'hommes [1] qui consomme à tout-va. De cette double image coloniale, personne ne sort indemne : à l'image de la femme indigène de carte postale inféodée et recluse dans la sphère privée répond l'image du mâle autochtone bestial et machiste. Mais cette même Shéhérazade est aussi, simultanément, considérée comme une mante religieuse castratrice réfléchissant l'image d'un mâle sur-sollicité et totalement à la merci de son insatiable désir. « Entre hypersexualité et passivité sexuelle », l'homme et la femme autochtones sont ainsi deux fois victimes de la colonialité du genre [2].

Il est indéniable que l'imaginaire oriental a sa part de responsabilité dans cette situation : de l'affirmation d'une supériorité sexuelle féminine à l'élaboration d'une véritable fantasmagorie où la bestialité l'emporte clairement sur la féminité, le pas est très vite franchi. Ainsi ibn Suleiman en vient-il d'abord à raconter que lors d'une soirée entre hommes réunissant le vizir et ses amis, « il se trouva quelqu'un pour dire que le plaisir de la femme est supérieur à celui de l'homme, que la femme est insatiable, l'homme moins endurant et que le désir peut lui manquer quand il en abuse. Davantage ! Ils [les présents à cette réunion] prétendirent que la femme peut faire l'amour jour et nuit pendant de nombreuses années et qu'elle en demanderait encore ! » [3].

Plus loin, le même ibn Suleiman continue : « Le roi demanda à deux de ses ministres : "chez qui, des hommes ou des femmes, la volupté est-elle la plus affirmée ?". Ils répondirent en chœur : "La plus faible qu'éprouve une femme est nettement supérieure à celle

1. Mais aussi croqueuse de femmes : « si elle [la femme] le pouvait, elle prendrait volontiers sept hommes, autant que de jours dans la semaine, sans même parler du plaisir du lesbianisme ! », *BA*, p. 165.
2. Sur la (double) colonialité du genre, voir M. Lugones, « The Coloniality of Gender », *Words and Knowledge Otherwise*, printemps 2008, p. 8 et, dans le présent ouvrage, « Le féminisme tunisien à l'épreuve de la Révolution. Un bilan provisoire ».
3. *BA*, p. 108.

de l'homme le plus voluptueux [car] une seule femme peut épuiser une troupe d'hommes !"» [1].

Mais c'est l'anecdote narrée par Tîfâchî qui illustre selon nous le mieux ce saut qualitatif qui consiste à commencer par affirmer la supériorité sexuelle de la femme pour finir dans une sorte de délire fantasmatique, alimentant les passions les plus folles : « Après avoir défait l'armée ennemie, les vainqueurs se saisirent d'une des concubines du roi qu'ils firent prisonnière, pensant l'offrir à leur roi. Mais celle-ci dédaigna l'offre, leur apprenant que « son maître avait, [quelque temps auparavant] donné l'ordre à trois cents de ses serviteurs de forniquer avec elle et [que ceux-ci] s'étaient [tout naturellement] exécutés » mais sans parvenir à la « rassasier ». C'est alors que le roi décida de l'exiler, chargeant un de ses serviteurs de la conduire loin de la cité. Quand elle fut « hors des murs », elle tomba sur un âne et une ânesse qui étaient en train de copuler ». Ne pouvant se contrôler, elle chassa l'ânesse et se mit à sa place. Et de conclure : « Ah ! Si les queues des hommes étaient semblables à celles des bourricots ! » [2].

On le constate aisément à la lecture de ces passages loin d'être uniques en leur genre dans la littérature érotique arabe, l'Orient a donné à l'Occident les moyens de se construire l'image coloniale de la femelle en rut, aux formes proprement monstrueuses, avide de sexe. Cela étant, l'Occident n'avait aucune raison d'aller au-delà de cette image, aucune volonté de comprendre ce qu'il pouvait y avoir derrière cette représentation de la bestialité faite femme car son fantasme s'incarnait précisément dans la déshumanisation de cette altérité foncière [3].

1. *BA*, p. 156.
2. *BA*, p. 156-57.
3. « Altérité foncière » car ce n'est pas simplement le processus de déshumanisation *stricto sensu* qui est remarquable ici. De fait, la culture occidentale recèle elle aussi ce topos de la femme bestiale, voire monstrueuse, à la sexualité débridée et menaçante. On songe ici au machisme d'un Otto Weininger et à sa typologie fondamentalement misogyne dans laquelle la femme est, peu ou prou, réduite à sa fonction sexuelle, ainsi qu'à sa fascination pour la figure de la lesbienne ou « femme masculine ». Mais déshumaniser le même dans sa version féminine n'a strictement rien à voir avec la déshumanisation de l'autre, celui (celle) qui m'est radicalement étranger(e). La différence ici est une différence d'ordre *colonial* (en ce sens nous sommes très loin,

Rien n'est pourtant plus humanisant que le savoir que détient Shéhérazade, un savoir qui l'humanise en l'élevant. C'est très exactement à ce niveau que réside la supériorité féminine. Dans cette perspective « désorientalisante », Mernissi entreprend de désexualiser et en quelque sorte d'universaliser Shéhérazade, en en faisant le symbole du pouvoir conquis *par le savoir* (une interprétation en général passée sous le silence, le pouvoir de la belle étant essentiellement appréhendé comme la manifestation d'une ruse toute féminine) :

> L'histoire de Chahrazad est d'une très grande actualité, parce qu'elle pose le problème du savoir comme arme de survie, ce qui est loin d'être un problème de femme uniquement. Car […] la femme […] symbolise l'homme aussi bien qu'elle-même […] pos[ant] le problème fondamental du rapport inégalitaire […]. Et plus que n'importe quelle inégalité, l'inégalité du savoir est la plus terrible, et la plus implacable » [1].

La femme est donc d'abord celle qui sait, et dont le savoir est aussi un savoir sulfureux qui lui donne une toute-puissance certaine. Revenons à la thématique sexuelle et considérons cette anecdote paradigmatique, mais loin d'être unique en son genre, narrée par ibn Suleiman et qui met en scène un couple que le hasard a réuni dans

par exemple, de la problématique heidegerienne, voire même lévinassienne, de la différence ontologique), pour reprendre le concept de Walter Mignolo développé par Nelson Maldonado-Torres. Ce dernier (s'inspirant aussi de Dussel) parle d'une « colonialité de l'être », typique de la modernité, dans laquelle l'*ego cogito* cartésien s'incarne en un *ego conquiro* (qui se manifeste essentiellement comme un « ego phallique ») caractérisé par un « scepticisme misanthropique » : « Je pense (les autres ne pensent pas, ou pas correctement) donc je suis (les autres ne pas, ont un manque d'être ou ne doivent pas exister ou ne sont pas indispensables », « On the Coloniality of Being. Contributions to the Development of a Concept », *Cultural Studies*, vol. 21, n°2-3, mars-mai 2007, p. 252. Ce qui est valable pour l'étranger, en général, est valable, plus particulièrement pour la femme indigène : la différence coloniale (ou « subontologique » comme l'appelle Torres dans une veine fanonienne) est bien « la différence qui existe entre l'être et ce qui se situe en-dessous de cet être ou encore ce qui est négativement marqué aussi bien comme accessoire que comme cible de viol et de meurtre », *ibid.*, p. 254.

1. F. Mernissi, *Chahrazad n'est pas marocaine*, Casablanca, Le Fennec, 1988, p. 17.

un palais. L'homme est doté d'un savoir sexuel limité, ordinaire. C'est sa partenaire qui va enrichir son expérience, à la fois en lui donnant moult occasions d'étoffer son Kamasutra basique, et en mettant les mots sur les positions qu'il connaissait déjà sans vraiment les connaître, en bon monsieur Jourdain du sexe. Et ibn Suleiman de conclure lapidairement : « Notre homme aura ainsi sodomisé la même femme quatorze fois dans la même journée et de quatorze façons différentes ! ».

Moins crue peut-être, mais tout aussi édifiante, l'histoire de ce grand commerçant qui venait tout juste d'acheter une servante. Le sentant pétrifiée par son désir, elle ordonna à son maître de rester là où il se trouvait « reste où tu es, lui dit-elle » ce sont ces mots, et enchaîna en lui demandant « s'il connaissait la meilleure façon de s'accoupler ». Celui-ci ne put qu'articuler qu'un « apprends-moi ! ». On voit bien comment les codes sociaux sont renversés et à quel point le pouvoir est du côté des femmes, toutes les femmes, pourvu qu'elles fassent montre de leur savoir sexuel et sensuel.

Mais décoloniser Shérézade en donnant à voir sa supériorité, c'est aussi incarner le fantasme colonial jusqu'à lui tordre le cou. La boucle est bouclée, nous semble-t-il, avec la figure de 'Arûs, la belle des belles, héroïne d'un conte anonyme du XIIIe siècle [1]. Libertine, cruelle voire sadique, sans aucune once de morale, refusant de se laisser dominer par un homme, quel qu'il soit, puisqu'elle va jusqu'à tuer son roi de père lorsqu'il contrarie ses desseins, 'Arûs, la Fiancée des Fiancées ou la Mariée des Mariées, dont le nom même est une antiphrase, fait l'amour avec qui elle désire sans retenue, hommes, bêtes et djinns, recherche le plaisir de la chair mais craint le mariage. Nous sommes en effet aux antipodes du thème bien connu qui clôt tout conte digne de ce nom : l'union et la descendance nombreuse qui s'ensuit. Comme l'écrit Aboubakr Chraïbi qui préface la première traduction française de ce texte, traduction parue en 2011, 'Arûs, cette anti-Sheherazade, est « la pire des femmes dont les hommes

---

1. *Histoire de 'Arûs, la Belle des belles, des ruses qu'elle ourdit, et des merveilles de la mer et des îles*, trad. D. Rabeuf, Paris, Actes Sud, 2011.

puissent rêver, car leur étant supérieure en de nombreux domaines, ne se laissant enfermer dans aucun rôle, ni mère, ni épouse, elle demande à être traitée rigoureusement à égalité, au risque de tout mettre à feu et à sang sur son passage, sans le moindre remords »[1].

*

Pour qui s'intéresse de près à la question féminine en Islam, cette mythification de la femme, fantasmée au plus haut point avec la figure de 'Arûs, traduit en réalité l'ambivalence fondamentale de la perception masculine du féminin. La femme est la douce compagne, celle à qui l'on cherche à plaire mais elle est aussi, et par définition, celle par qui la castration survient. Elle devient donc, et de toute éternité, l'ennemi par excellence. Mais ce serait une erreur de croire que l'homme arabe se résout aisément à envisager la relation qui le lie à sa partenaire sur le mode du conflit sans cesse recommencé ; c'est pourquoi la « voleuse de phallus » n'est plus ni tout à fait humaine, ni tout à fait femme. En donnant à voir la différence essentielle de cet Autre, on n'ouvre pas tant la porte aux considérations misogynes qu'à un exutoire, voire un exorcisme, pour le moins universels : il s'agit, pour le mâle, ni plus ni moins que de « sauver sa peau », pour mieux la perdre.

Décoloniser Shéhérazade passe ainsi par la reconnaissance de ce commun, très loin de l'Orient fantasmé et de son imagerie caricaturale servis par des siècles d'orientalisme bon marché. Dans quelle mesure ce qui est valable pour l'image et l'imaginaire médiévaux l'est également pour leur pendant contemporain, c'est ce que le chapitre suivant va s'attacher à montrer.

---

1. *Histoire de 'Arûs, la Belle des belles, op. cit.*, p. 11. Une image à contre-courant, bien évidemment, de l'orientalisme sirupeux, et que d'une certaine manière, Mernissi avait en partie pressentie : « D'après les miniatures, comme d'après les documents historiques, les hommes ne se sentent guère en sécurité dans ces harems, qu'ils soient réels ou imaginaires ; ils apparaissent bien éloignés des héros dominateurs et sûrs d'eux que les artistes occidentaux laissent deviner dans les leurs. Ceux-ci ont gommé la dimension tragique du harem, où les hommes sont fatalement piégés par la vengeance inéluctable des femmes qu'ils ont assujetties. », *Le Harem européen, op. cit.*, p. 26.

CHAPITRE III

DÉCOLONISER FAT(I)MA

LE FÉMINISME MUSULMAN OCCIDENTAL, POURQUOI (FAIRE)?[1*]

L'émergence, depuis une vingtaine d'années, d'un féminisme musulman, alimente les polémiques les plus vives quant à la légitimité de ses prétentions[2] : si la thèse du « choc des civilisations » devait être entérinée, affirment en substance détracteurs et sceptiques de tous bords, nul doute que les discriminations exercées à l'égard des femmes de par le monde au nom de l'Islam, au mépris des principes d'humanité et de parité les plus élémentaires, lui donneraient corps et sens. Stéphanie Latte Abdallah résume parfaitement ce préjugé : « Quand il n'est pas dénoncé comme le cheval de Troie de l'islamisme,

---

1*. Un certain nombre des matériaux de ce texte ont servi de base à l'élaboration d'une communication prononcée à l'occasion du colloque « La tolérance dans une perspective transculturelle », tenu à Tunis (Bibliothèque Nationale) du 25 au 28 septembre 2013. Ce travail fera l'objet d'une publication dans une traduction allemande à paraître courant 2014 aux éditions Velbrück. Ce texte représente par ailleurs une version totalement refondue, largement développée et partiellement inédite (s'agissant de la dernière partie, notamment) d'un texte initial intitulé « Un féminisme musulman occidental : pourquoi (faire)? », paru dans *Raison publique*, 9 novembre 2008 et publié sur le site de la revue.

2. Pour une datation précise de la naissance du féminisme musulman, voir M. Badran, « Islamic Feminism : What's in a name? », *Al-Ahram Weekly Online*, 17-23 January 2002, n° 569 (http://weekly.ahram.org.eg/2002/569/cu1.htm). Je précise que cet article se situe *autant que possible* au-delà du clivage chiisme / sunnisme, et que si la majorité des sources citées sont iraniennes, ce n'est pas en vertu d'un parti pris doctrinal, mais bien plutôt parce que les féministes persanes sont particulièrement dynamiques. « Autant que possible » car un féminisme musulman authentiquement chiite serait dans une certaine mesure différent de sa version sunnite eu égard, tout à la fois, à l'importance accordée par l'une et l'autre école aux sources scripturaires sacrées, ainsi qu'à la détermination de ceux (et celles) qui sont autorisés à interpréter et interroger le Coran. De fait, les chiites ne donnent pas un caractère aussi sacré à la *sunna* que le font les sunnites pour lesquels elle est l'une des sources scripturaires fondamentales de l'Islam.

le féminisme islamique est perçu comme un non-objet scientifique voire comme un oxymore »[1].

Pourtant, parce qu'il refuse le parti-pris d'une violence herméneutique chargée de réconcilier l'irréconciliable, dans un sens ou dans un autre, le féminisme musulman se donne les moyens d'être le protagoniste avec qui l'on doit compter. Il use, ce faisant, d'une herméneutique bien définie : comme l'explique Badran, il va s'agir de reconsidérer les versets coraniques[2] qui sont utilisés pour propager de fausses idées, répertorier ceux qui énoncent « de manière univoque »

---

1. « Le féminisme islamique, vingt ans après », *Critique internationale*, 46, janvier-mars 2010, p. 11. Sur l'idée que le concept même de féminisme musulman provoque, à tout le moins, une certaine résistance dans les milieux académico-féministes, Asma Lamrabet, médecin marocaine et actrice majeure de cette mouvance, écrit : « Malgré toutes les meilleures volontés, les soupçons restent de mise et il est presque vain de prétendre en finir avec cette vision stéréotypée des femmes et de l'Islam », Entre refus de l'essentialisme et réforme radicale de la pensée musulmane », dans Z. Ali (dir.), *Féminismes islamiques*, Paris, La Fabrique, 2012, p. 55. De son côté, Malika Hamidi, décrivant la réception du féminisme musulman en Europe, affirme que « les représentations sociales de la femme musulmane européenne tels qu'elles apparaissent dans l'idéologie coloniale féministe semblent avoir un impact sur l'appréhension du concept de *féminisme musulman* en Europe ». Et d'ajouter que « cette vision stéréotypée nous renvoie à la substance d'un discours qui se revendique universaliste mais qui essentialise le statut des femmes musulmanes pour justifier une posture de supériorité en termes de projet d'émancipation », « Le féminisme musulman en Europe », dans Z. Ali (dir.), *Féminismes islamiques*, *op. cit.*, p. 103. D'aucuns qualifient cette orientation de « posture réformiste libérale », à l'image de Zahra Ali, « Introduction », *Féminismes islamiques*, *op. cit.*, p. 30.

2. Cette idée d'un changement venant *de l'intérieur*, c'est-à-dire pensé par des musulmans dans l'esprit de l'Islam est sans cesse réaffirmée par les unes et les autres ; c'est là, au fond, ce qui réunit toutes celles qui se réclament du féminisme musulman au-delà de leurs différences. Ainsi, Nayereh Tohidi décrit le féminisme musulman comme un mouvement de femmes qui, « dans leur combat pour les droits de la femme et s'agissant spécifiquement de son accès à l'éducation, ont travaillé à promouvoir une éthique islamique égalitariste fondée sur les versets coraniques favorables au féminin et ce, *tout en conservant leurs propres croyances religieuses* », « The issues at Hand », *in* H. Bodman, N. Tohidi (eds.), *Women in Muslims Societies : Diversity Within Unity*, Boulder, Lynne Rienner Publishers, 1998, p. 283, nos italiques. Pour M. Badran, le féminisme musulman, par essence multiple, « a pour caractéristique d'être formulé *à l'intérieur du paradigme islamique* », « Le féminisme islamique en mouvement » dans *Existe-t-il un féminisme musulman ?*, Paris, L'Harmattan, 2007, p. 52 (les italiques sont de l'auteur).

l'égalité des sexes et « déconstruire » les passages affirmant la différence homme-femme que les interprétations traditionalistes utilisent pour justifier la supériorité masculine[1]. Le féminisme musulman cherche donc à montrer que l'inégalité n'est pas le fait du Coran, fondé principiellement sur la notion d'humain et que « tracer des lignes [...] et conserver jalousement ce genre de frontière n'est rien d'autre qu'une construction sociale et le produit d'une époque, d'un lieu, d'une classe sociale, etc. »[2].

Force est néanmoins de constater que le discours des féministes musulmanes souffre, peut-être paradoxalement, tout à la fois d'un manque de normativité et d'une audience déficiente. S'il y doit avoir scepticisme, c'est sans nul doute à ce niveau. De fait, l'incapacité foncière du féminisme musulman européen à fédérer autour de lui un public conséquent résulte fondamentalement d'une faiblesse qui le mine de l'intérieur, savoir l'instauration d'une relation verticale entre celles qui le promeuvent et celles qui sont destinées à recevoir ses « enseignements ». En témoigne l'échec relativement cuisant à déconstruire la dichotomie public-privé, pilier de leur stratégie de réappropriation du Texte (I). Les faiblesses normatives des théoriciennes du féminisme musulman tiennent, quant à elles, à un positionnement doctrinal ambigü. Bien que prêchant pour une égalité dans la différence, elles résistent toutefois difficilement à « l'appel de l'essentialisme », notamment lorsqu'elles revisitent le thème de la complémentarité sexuelle (II) ; s'agissant par ailleurs de justifier à la fois leur démarche et leurs revendications, elles biaisent et brouillent les cartes, oscillant ponctuellement entre les deux extrêmes contre lesquels elles se définissent pourtant, le fondamentalisme religieux et le féminisme laïque, se contentant de décrire alors qu'on attendraient d'elles qu'elles prescrivent. Plus grave encore en un certain sens (III), elles finissent, à la faveur de l'internationalisation du féminisme musulman il y a une dizaine d'années, à renouer avec ce qu'elles avaient récusé et contre lequel elles s'étaient insurgées, donnant notamment à voir un

---

1. M. Badran, *Existe-t-il un féminisme musulman ?*, *op. cit.*
2. *Ibid.*, p. 60.

féminisme musulman aux accents résolument universalistes dont les croyantes « ordinaires » se révèlent les principales perdantes.

I

Affirmer que le féminisme musulman souffre d'un déficit d'audience peut paraître injustifié. *D'abord*, parce qu'il incarne une troisième voie, médiane, entre deux extrêmes également peu satisfaisants pour une croyante « ordinaire ».

Nous avons en effet *trois* justifications différentes, subsumées sous trois paradigmes distincts, une fois la justification traditionaliste de l'infériorité de la femme mise de côté. *Une première justification*, moderniste, s'inscrit à l'intérieur du paradigme de l'égalité et de la liberté. C'est celle qui est promue par le féminisme *islamique*, savoir le féminisme qui existe en terre d'islam – c'est-à-dire dans une aire géographique et historique déterminée – et encore occupé à conduire une bataille que les occidentales ont gagnée depuis mai 1968. Ce féminisme islamique comprend à la fois des féministes qui, tout en étant réformistes, sont profondément attachées à l'Islam en tant que *religion*, mais aussi des « féministes laïques de culture musulmane » qui ne se reconnaissent pas nécessairement dans le qualificatif « islamique » en ce qu'elles voient dans l'Islam plus une histoire et une civilisation qu'une religion *stricto sensu*[1].

Une deuxième justification, que l'on appellera néo-traditionaliste, réinterprète le paradigme classique de la hiérarchie que le vernis égalitaire qu'on lui a posé laisse plus ou moins transparaître. C'est celle dont fait usage le féminisme *islamiste*, capable de s'approprier et de subvertir des catégories et des outils occidentaux – ce qui, soit dit en passant, met sérieusement à mal la thèse du choc des civilisations – pour justifier la supériorité et la domination masculines[2]. Comme

---

1. D'aucuns qualifient cette orientation de « posture réformiste libérale », à l'image de Z. Ali, *Féminismes islamiques, op. cit.*, p. 30.

2. Voir V. Moghadam, « Qu'est-ce que le féminisme musulman ? Pour la promotion d'un changement culturel en faveur de l'égalité des genres », dans *Existe-t-il un féminisme musulman ?, op. cit.*, p. 45. Ainsi que le soutient Slavoj Žižek, s'agissant

l'affirme très justement Amélie le Renard, spécialiste des mouvements féministes en Arabie Saoudite, « lorsque des femmes ou des groupes de femmes s'approprient le religieux, il convient de se demander dans quelle configuration politique et sociale, contre *qui* et pour *quoi* elles le font »[1].

Une troisième justification, post-moderniste, combine les catégories de différence, de reconnaissance et de parité. C'est précisément celle qui est incarnée par les théoriciennes du féminisme *musulman*, celui des minorités vivant dans les sociétés multiculturelles européennes et nord-américaines, de confession et/ou de culture musulmane. Les féministes musulmanes œuvrent à rétablir ce que des conflits d'intérêts plus ou moins latents ont perverti mais tout en poussant relativement loin le raisonnement ; elles se démarquent en cela des « féministes laïques de culture musulmane » (considérées par une certaine orthodoxie académique comme étant bien moins radicales), en refusant par exemple la séparation public/privé, jugée « artificielle »[2]. Elles travaillent donc à la déconstruire et pas seulement à en dénoncer les manifestations négatives. Il y a ainsi en filigrane, derrière la sempiternelle et au demeurant fort juste dénonciation du patriarcat, l'intuition post-moderne et éminemment réaliste que la vérité est dans le mouvement et la mobilité et qu'il est urgent d'en finir avec le cloisonnement qui conduit tout droit « à ce que l'égalité des sexes s'arrête dès que l'on entre dans la sphère privée ou familiale »[3]. Un

des ruses adoptées par les fondamentalistes pour faire passer leur message, « un groupe fondamentaliste peut facilement adopter, dans son fonctionnement social, les stratégies postmodernes de la politique identitaire, en se présentant comme l'une des minorités menacées luttant simplement pour conserver son mode de vie spécifique et son identité culturelle. La ligne de démarcation entre la politique identitaire du multiculturalisme et le fondamentalisme est de cette façon purement formelle ; elle ne dépend souvent que de la perspective différente à partir de laquelle l'observateur scrute un mouvement destiné à maintenir une identité de groupe », *Plaidoyer en faveur de l'intolérance*, trad. F. Joly, Paris, Climats, 2004, p. 64.

1. A. Le Renard, « "Droits de la femme" et développement personnel : les appropriations du religieux par les femmes en Arabie Saoudite », *Critique internationale*, n° 46, janvier-mars 2010, p. 68.

2. *Ibid*, p. 61.

3. *Ibid*.

tel discours, foncièrement inédit, ne peut que parler aux croyantes de la diaspora musulmane.

Si l'affirmation selon laquelle le féminisme musulman souffre d'un déficit d'audience peut paraître étonnante, c'est *ensuite* parce que ses promoteurs et adeptes semblent en effet à première vue dynamiques, ainsi que le laisse supposer l'existence de groupes de réflexion en ligne tel l'« European Muslim Network », de journaux dévolus à la cause comme le magazine français *Hawa* (Eve), mais aussi d'un activisme militant par le biais d'organisations comme « Femmes musulmanes de Belgique ». Mais toutes ces structures, cybernétiques, éditioriales ou associatives, ont objectivement peu d'écho. Les États-Unis sont en réalité le seul État multiculturaliste occidental dans lequel le féminisme musulman bénéficie d'une large audience, en grande partie à cause de la forte concentration de l'élite musulmane qu'on trouve dans le pays. A titre d'exemple le magazine français mentionné plus haut a rapidement cessé d'exister, tandis que son homologue américain *Azizah* connaît depuis toujours un succès florissant. De la même manière, les cercles féministes musulmans d'Allemagne sont fort discrets, en comparaison de la portée et de la vigueur du discours de leurs semblables outre-Atlantique[1]. Mais la présence importante de l'élite musulmane n'explique pas tout et certainement pas pourquoi l'on entend tant parler des néo-islamistes et autres néo-traditionalistes, même aux États-Unis[2].

Assez curieusement, il semble que l'une des causes de la timidité du féminisme musulman soit le niveau intellectuel conséquent des théoriciennes du mouvement, un niveau qui dessert doublement leur

1. Voir J. Césari, *L'Islam à l'épreuve de l'Occident*, Paris, La Découverte, 2004, p. 249.
2. L'audience du féminisme laïque – dont on nous affirme pourtant qu'il est en perte de vitesse par rapport à son homologue musulman dans de nombreux endroits du globe, voir M. Badran, *Existe-t-il un féminisme musulman ?*, *op. cit.* : « Dans de nombreux pays à majorité musulmane d'Asie ou d'Afrique, le féminisme islamique a distancé le féminisme laïque », p. 65 – est également plus importante que celle du féminisme musulman, ainsi qu'un mouvement comme *Ni Putes Ni Soumises* le laisse deviner.

combat[1]. L'on se trouve en effet devant une situation pour le moins paradoxale : des femmes qui font partie de l'élite intellectuelle mais qui sont, normativement parlant, inaptes à fonder suffisamment leur propos tout en étant, du fait même de cette appartenance, incapables de s'arracher de la généralité et de la théorie pour répondre aux interrogations pratiques des croyantes.

L'expérience entreprise par Shahnaz Khan peut aider à mesurer le désarroi quotidien vécu par la croyante. Tentant de comprendre ce que signifie qu'être une musulmane vivant en Occident, cette spécialiste des études féminines a choisi de rencontrer deux femmes très différentes vivant au Canada, avec pour seul point commun leur confession religieuse : Karima, quarante-quatre ans, blanche, d'origine iranienne, sans diplômes, parlant mal l'anglais et établie en terre canadienne depuis seulement trois ans ; Iram, vingt-quatre ans, de peau foncée, née en Ouganda mais originaire de l'est de l'Inde, ayant fait des études supérieures, arrivée au Canada à l'âge de quatre ans. A la question de savoir si elle pense que « Dieu enverrait en enfer » une musulmane qui ment sur sa religion pour éviter de subir l'oppression de certains commandements de la *shari'a* – l'exemple choisi étant celui de l'inégalité dans l'héritage – ou si au contraire Il « comprendrait » un tel comportement, Karima répond la chose suivante : « Peut-être

1. Sur « l'identité » des féministes musulmanes, voir notamment M. Badran, *Existe-t-il un féminisme musulman ?*, *op. cit.*, et V. Moghadam, « Islamic Feminism and Its Discontents : Towards a Resolution of the Debate », *Signs*, vol. 27, n. 4, p. 1135-1171. Margot Badran explique que « dans diverses régions d'Orient, le féminisme islamique est apparu à un moment où les femmes musulmanes avaient eu accès aux plus hauts niveaux d'éducation dans tous les domaines et toutes les disciplines, sciences religieuses comprises », p. 59. Étudiant la sociologie iranienne du phénomène, Moghadam précise que ces féministes musulmanes expatriées sont « des éditeurs, des écrivains, des universitaires, des juristes et des politiciennes, dont la plupart sont associées à la presse féminine en Iran », p. 1135. S'agissant de la « technicité » des débats, il est intéressant de noter que le féminisme musulman en terre d'Islam est beaucoup plus préoccupé des effets pratiques de l'« *ijtihâd* déconstructionniste » qu'il entreprend. Voir par exemple le programme des « Sisters in Islam » explicité par Norhayati Kaprawi, « Promouvoir les droits de la femme en s'engageant dans le Coran : l'expérience de Sisters in Islam », p. 83-95, *Existe-il un féminisme musulman ?*, *op. cit.*

que Dieu comprendrait, *parce que je ne sais pas ce qu'il est censé comprendre* »[1].

Les féministes musulmanes n'entendent pas cette ignorance. Elles ne peuvent donc fournir à Karima, symbole de toutes les croyantes désarmées, une *éthique* au sens antique du terme, sorte de « Lumières pour la plèbe » (sans connotation péjorative). La raison principale de cette incapacité foncière vient de leur tendance à se contenter de la logique de l'acceptation en biaisant avec la justification, ce qui n'échappe à leur public potentiel, tout aussi imprégné de la foi du charbonnier qu'il soit. C'est ainsi que l'on peut lire au détour d'une phrase de l'une de ces « théoriciennes » que les féministes musulmanes « n'hésitent plus à mobiliser le référentiel religieux *en tant que stratégie de lutte* contre les discriminations qu'elles vivent dans leur propre communauté de foi et dans la société civile »[2]. Si la religion n'a plus qu'un statut de simple moyen, on se demande alors ce qui distingue le féminisme laïque du féminisme musulman. On avait en effet compris qu'il s'agissait de vivre sa féminité à l'intérieur du cadre de la foi, plutôt que l'inverse.

Pour mieux comprendre l'enjeu de ces quelques remarques, il est bon de se pencher sur la manière de procéder des adversaires néo-traditionalistes du féminisme musulman. Ceux-ci maîtrisent parfaitement l'outil cybernétique, via nombre de forums de discussions, et autres sites spécialisés pour croyants en mal de réponses religieuses à des interrogations simples[3]. Ils ne théorisent pas outre mesure la question de savoir quels sujets doivent être débattus sur la place publique ou quelles inquiétudes authentiquement privées méritent d'être présentées et discutées au sein d'un espace public. Ils créent le débat sur tout ce qui est susceptible de poser un tant soit peu

1. S. Khan, « Muslim Women : Negotiations in the Third Space », *Signs*, 1998, vol. 23, n°2, p. 478 (Nos italiques, notre traduction).
2. M. Hamidi, « Le point de vue d'une féministe musulmane européenne », *Existe-t-il un féminisme musulman ?*, *op. cit.*, p. 112.
3. Voir J. Césari, *L'Islam à l'épreuve de l'Occident*, *op. cit.*, sur les questions qui dominent sur ce type de forum internet et taraudent la « oumma *électronique* », p. 167. L'auteur précise que « les questions sur le statut des femmes et de la sexualité se classent en tête des préoccupations », p. 170.

problème au croyant à l'ère de la quête éprouvante de soi. Ils prennent au sérieux le mal-être des croyants de la diaspora musulmane et reprennent à leur compte, ce faisant, le célèbre mot d'ordre des féministes occidentales selon lequel « le personnel est politique ». C'est pourquoi il n'est pas suffisant, s'agissant des thèmes débattus dans les arènes publiques, d'affirmer que « seuls les participants peuvent décider de ce qui relève ou non de l'intérêt commun [1]. Il faut bien plutôt soutenir que tout vaut par principe la peine d'être discuté : tout questionnement individuel est d'utilité publique. Toute déconstruction de la dichotomie public-privé doit impérativement prendre en compte ce que Jocelyne Césari nomme à juste titre « la dimension postmoderne du religieux, qui met l'accent sur la *subjectivisation* des valeurs et des croyances », comme si le ré-enchantement du monde devait passer par « une *repersonnalisation,* voire une extrême *subjectivité* de la croyance et des pratiques religieuses » [2]. Or il se trouve que seuls les fondamentalistes, à de très rares exceptions près, ont perçu l'importance de cette réappropriation du religieux. Un exemple intéressant de cette déconstruction de la dichotomie public-privé dans laquelle le premier devient véritablement l'outil du second est cette *fatwa,* énoncée en termes particulièrement crus, lancée par al-Qaradhaoui sur le site « Islam on Line » à propos du « statut normatif de la fellation » [3]. On y apprend que rien ne justifie l'interdiction d'une telle pratique, surtout « si la femme est satisfaite et si elle apprécie cela » [4].

1. N. Fraser, *Qu'est-ce que la justice sociale ? Reconnaissance et distribution,* éd. établie, trad. et introd. par E. Ferrarese, Paris, La Découverte, 2005, p. 134.

2. J. Césari, *L'Islam à l'épreuve de l'Occident, op. cit.,* p. 175 (nos italiques).

3. A. Roussillon, *La Pensée islamique contemporaine,* Tunis, Cérès, p. 141.

4. L'énoncé quasi-complet de la *fatwa* est le suivant : C'est en Amérique et en Europe qu'on m'a posé cette question pour la première fois, dans les années 1970. C'est une question qu'on ne nous pose pas dans les pays arabes et musulmans. [...] Là-bas, les gens sont habitués à la nudité, c'est pourquoi ils ont besoin d'excitations inhabituelles. [...] S'il ne s'agit que d'embrasser, il n'y a aucun problème, mais s'il n'y a éjaculation, il peut s'y attacher de la répugnance (*karâha*). Je ne peux pas dire que cela soit interdit, car il n'existe pas d'argument catégorique en la matière [...] il n'y a pas de texte spécifique [...] On ne peut pas dire qu'il s'agisse d'une pratique interdite, surtout si la femme est satisfaite et si elle apprécie cela ». La mise en œuvre

Au-delà de l'anecdote qui a de quoi étonner, la morale de cette histoire est relativement édifiante. L'observateur attentif ne peut que constater le degré d'acuité avec lequel les fondamentalistes ont perçu l'importance d'un islam à l'écoute, qui met au grand jour des questions que le (la) croyant(e) lambda se pose, des plus avouables au plus intimes. Cette écoute se fonde normativement sur l'exploitation maximale de ce que Hobbes appelait le « silence de la loi », savoir ces vides juridiques au sein des sources sacrées de l'Islam : pour qu'un comportement, une attitude ou une action soit interdites, il faut qu'elle le soit explicitement et littéralement – ce qui laisse, on l'aura deviné, nombre d'interrogations en suspens demandant à être, d'une manière ou d'une autre, résolues. C'est précisément la conscience de l'existence d'un auditoire qui s'interroge et témoigne d'un besoin crucial de réponses, qui manque au féminisme musulman : s'il consiste bien initialement en un effort *personnel* d'interprétation, *l'ijtihad* devient d'utilité *publique* lors qu'il est entrepris par des réformistes [1].

II

Venons-en à présent aux faiblesses proprement normatives. Ayant intégré le credo éminemment postmoderne de l'égalité dans la différence [2] et via cet effort personnel d'interprétation qu'est *l'ijtihâd* – « auquel s'ajoutent les méthodes et les outils de la linguistique, de l'histoire, de l'analyse littéraire, de la sociologie, de l'anthropologie » [3],

de ce « littéralisme minimaliste » se fonde ainsi sur la reconnaissance de « l'existence d'un vaste champ de pratiques non régies par le référent religieux et non susceptibles de l'être » (A. Roussillon, *La Pensée islamique contemporaine, op. cit.*).

1. L'arabe possède un mot qui traduit l'idée d'interprétation qui se trouve au centre de *l'ijtihâd* : il s'agit du terme *ta'wîl*. Néanmoins, ce dernier ne rend pas la notion d'*effort* qui anime tout croyant désireux de comprendre le Texte et que seul le mot *ijtihâd* contient.

2. Voir M. Hamidi : « Si la revendication féministe, écrit-elle, est indispensable à la mise en place de l'égalité politique juridique, sociale, l'égalité ne doit pas amener à une négation de la féminité. C'est une "égalité dans la différence" », « Le point de vue d'une féministe musulmane européenne », dans « Le point de vue d'une féministe musulmane européenne », *op. cit.*, p. 114.

3. M. Badran, « Féminisme islamique : qu'est-ce à dire ? », *op. cit.*, p. 48.

le féminisme musulman travaille à mettre en lumière un jeu constitutif du Coran, en montrant que les identités sexuelles n'y sont jamais fixées *a priori* : nulle assignation « de rôles sociaux spécifiques », mais l'insistance sur « la notion de mutualité dans les relations conjugales », en termes de « protection et d'assistance ». Or il y a, comme de juste, mille et une manières d'honorer ce devoir.

Reste néanmoins que cette idée de mutualité, développée par un certain féminisme musulman [1], pose problème en ce qu'elle postule une complémentarité initiale de l'homme et de la femme – quelles que soient par ailleurs les nuances apportées par les notions d'entraide et d'assistance réciproque et l'insistance, fort juste au demeurant, sur le fait que la différence biologique entre les sexes ne justifie pas l'inégalité dans la sphère privée et publique. De fait, invoquer la complémentarité, dans ce cas très particulier, ne rend pas service à la cause de ces féministes musulmanes, bien au contraire ; il les ancre encore plus profondément dans une grille obsolète dont elles cherchent pourtant à se défaire. La complémentarité n'est en effet pas autre chose qu'une variation – certes habile – sur le thème de l'inégalité.

---

1. A noter en passant que les premières à avoir fondé la défense de l'égalité sexuelle sur l'idée de complémentarité sont *les féministes laïques*. Ainsi que l'explique Margot Badran, les féministes laïques de la première vague « articulaient l'idée d'égalité dans la sphère publique avec la notion de complémentarité dans la sphère privée ». Badran voit dans cette posture un manque certain de « radicalisme », considérant que les féministes musulmanes (« islamiques », selon son mot), pour leur part, réclament une égalité pleine et entière au sein du public et du privé. Mais les choses ne sont pas si simples. En premier lieu, il est, sur le principe, inéquitable de comparer la première vague du féminisme laïque avec les développements récents du féminisme islamique alors qu'une vingtaine d'années, à tout le moins, les séparent. Il est par ailleurs fondamental, ce qui semble échapper à Badran, de distinguer entre la complémentarité *comme revendication* d'un côté, et la complémentarité *comme justification* de l'égalité, de l'autre ; cette distinction permet de comprendre que les féministes islamiques ne réclament pas une égalité au sens plein du terme. La polémique qui a eu lieu en Tunisie durant l'été 2012 autour de l'article 28 de la Constitution (s'agissant de la volonté du part islamiste, et de ses députés femmes notamment, de remplacer l'égalité sexuelle par la complémentarité) montre ainsi de manière on ne peut plus claire que les féministes musulmanes réclament la complémentarité, et non l'égalité (voir *infra* le chapitre IV). Les féministes laïques de la première heure, pour leur part, revendiquent la complémentarité *au nom de l'égalité* : la complémentarité prend ici le sens de partage.

C'est en effet l'inégalité, travestie, qui transparaît derrière l'honorable souci d'équilibre qui fonde l'idée de complémentarité. Nous demeurons ainsi dans le paradigme ancien de la hiérarchie, où l'inégalité constituait la règle et l'égalité, l'exception[1].

Ainsi, seule l'immersion du débat dans un paradigme authentiquement égalitaire, où la personne vient remplacer la catégorie de l'être, fût-il humain, peut venir définitivement à bout de ce type de dangers, du moins le reléguer à une distance qui laisse la place à une pensée constructive de se déployer librement. Parler en termes de personne c'est en effet parler en termes asexués qui laissent totalement de côté le versant ontologique de la question.

Il semble toutefois qu'il y ait un enseignement à tirer de la quasi-impossibilité qu'ont certaines féministes musulmanes de se défaire de la perspective essentialiste. La propension systématique à *fixer* l'identité dans la complémentarité inter-sexuelle est révélatrice de la volonté d'affirmer une différence pourvoyeuse d'une reconnaissance nécessairement pensée comme *valorisation*. Car ce contre quoi luttent les féministes et qui légitime leur combat, au-delà de toutes les formes qu'il peut prendre, est *d'abord* le sentiment de dépréciation. Les féministes musulmanes n'échappent pas à cette réalité, qu'elles vivent sans doute plus difficilement que les féministes laïques occidentales.

---

1. En témoigne la conception grecque de l'amour : dans la théorie platonicienne, les sexes s'attirent en raison d'une privation ontologique ; leur union rétablit le manque initial et complémentarité signifie alors plénitude. La vision moderne se démarque de ce paradigme essentialiste en substituant la relation à l'être : les sexes s'attirent, indépendamment des raisons ontologiques que l'on peut invoquer à l'appui de cette réalité. Ce qui est en jeu est bien plutôt ce rapport qui nous permet de penser l'égalité de ses protagonistes. A noter qu'il est révélateur que le féminisme *chrétien* se fasse également le défenseur de la thèse de la complémentarité sexuelle, conçue comme l'alternative à la hiérarchie traditionnelle. Sur cette idée, voir par exemple Gordon D. Fee, R. Merrill Groothuis, Ronald W. Pierce (eds.), *Discovering Biblical Equality : Complementarity without Hierarchy*, Westmont, Illinois, InterVarsity Press, 2005. Pour un aperçu du féminisme chrétien, voir M. Dubesset, « Femmes, féminismes, christianisme », dans *Existe-t-il un féminisme musulman ?*, *op. cit.*, p. 19-28.

Affirmer que l'essentialisme constitue, tout à la fois, un passage obligé et une solution dont ne peut raisonnablement se satisfaire, c'est argumenter en faveur d'une voie médiane qui instrumentaliserait en quelque sorte ce qui ne peut constituer une fin en soi. C'est également soutenir que la réforme, conçue comme *tabula rasa*, ne peut constituer une sortie de crise pertinente. On dira qu'il est certainement plus judicieux de corriger *maintenant* en vue d'anticiper la transformation à venir dans un futur plus ou moins proche, que de transformer radicalement en prenant le risque avéré de heurter les consciences. C'est là, peut-on penser, la ligne normative que doit suivre le féminisme musulman, en adoptant un « essentialisme stratégique » qui valorise l'identité féminine pour mieux « déstabiliser la dichotomie masculin/féminin » – sans pour autant parler de déconstruction [1]. Résumant les deux façons d'interpréter cette stratégie, Fraser explique que

> dans une version de cette stratégie, *célébrer* la féminité est un moyen de rendre les femmes capables de lutter contre la sexualisation infondée des rôles sociaux, dans une autre version *valoriser* les activités traditionnelles des femmes est un moyen d'encourager les hommes à les assumer également [2].

Pour autant, combiner ces deux approches paraît plus pertinent que de les concevoir sous la forme d'une alternative, ainsi que la présentation de Fraser le laisse supposer, en mettant en avant l'idée selon laquelle elles sont liées par un rapport de cause à effet. En d'autres termes, adopter l'essentialisme stratégique revient à miner la séparation structurelle entre un espace public réservé aux hommes et une sphère privée destinée aux femmes, non pas simplement en

---

1. *Ibid.*, p. 98. Nous faisons nôtre la modération de N. Fraser : « la différenciation en termes de genre n'est pas intrinsèquement opprimante, il se pourrait que le *telos* du changement social ne soit pas leur déconstruction », *ibid.*, p. 99. Que la déconstruction ne soit pas (toujours) la panacée est un leitmotiv bien ancré dans les écrits de N. Fraser, voir par exemple *Justice interruptus, Critical Reflections on the "Postsocialist" Condition*, New York-London, Routledge, 1997, p. 183.

2. N. Fraser, *Qu'est-ce que la justice sociale*, *op. cit.*, p. 98 (nos italiques).

montrant, via une valorisation de la féminité, que les dernières peuvent tout à fait accéder à des tâches traditionnellement conçues comme masculines – telle est la première perspective – ou que les hommes peuvent faire leurs des tâches classiquement dévolues aux femmes – c'est là la seconde voie – mais insistant aussi sur le fait que cet accès effectif des premiers en « territoire féminin », parce qu'il décharge les femmes de certaines de leurs responsabilités, peut leur permettre d'accéder à la sphère publique.

Or le féminisme musulman cherche à établir l'égalité en ne travaillant, *au mieux*, qu'à partir de la première perspective, en montrant par exemple que les femmes ont tout autant droit que les hommes à accéder à des professions religieuses, de participer aux prières dans les mosquées et d'y diriger des prêches [1]. « Au mieux », car en règle générale, les féministes musulmanes se contentent de suivre deux chemins parallèles qui ne se rencontrent jamais : leur « célébration de la féminité » est une fin en soi et n'a aucun lien causal avec leur insurrection contre « la sexualisation infondée des rôles sociaux » [2]. Nulle part n'est thématisée l'idée selon laquelle la première serait à terme le vecteur de la seconde.

Cet état de fait est d'autant moins thématisé que les théoriciennes du féminisme musulman ne pensent jamais le changement sur un mode *progressif* – celui incarné précisément par l'essentialisme stratégique. En ce sens, elles ne peuvent que donner raison au « dilemme de Wollstonecraft » [3]. Or il va de soi qu'imposer une citoyenneté

1. Voir par exemple M. Badran, *Existe-t-il un féminisme musulman?*, *op. cit.*, p. 65 et V. Moghadam, « Islamic Feminism and Its Discontents : Towards a Resolution of the Debate », *op. cit.*, p. 45. Voir également de la même M. Badran, « Féminisme islamique : qu'est-ce à dire », dans Z. Ali (dir.), *Féminismes islamiques*, *op. cit.* : « Pour le féminisme islamique, les femmes peuvent être chefs d'Etat, mener les prières collectives, devenir juges ou muftis », p. 52. Le cas le plus célèbre de femme dirigeant un prêche est celui, tout récent (2006), d'Amina Waddud, afro-américaine convertie à l'Islam dans les années 1970.

2. Naturellement, pour celles d'entre elles qui se concentrent sur la revendication de l'égalité stricte, une valorisation, un hommage ou une célébration du féminin est inenvisageable.

3. Résumant l'alternative pour le moins insatisfaisante à laquelle se heurtent les féministes, Carole Pateman explique qu'au sein d'une société patriarcale, rechercher l'égalité ne peut se faire qu'au prix d'une négation de la spécificité féminine, tandis

sexuellement différenciée sans passer par une entreprise de démantèlement des structures patriarcales à la fois psychologiques, sociales et politiques, est une tâche assurément vouée à l'échec. Pareil projet n'est envisageable que dans la durée, par la mise en place de réformes non-réformistes » foncièrement non-agressives [1]. C'est très exactement pour cette raison que les théoriciennes du féminisme musulman qui se fondent, à bon droit, sur l'idée que le message initial de l'Islam a été perverti pour parler de la nécessité d'une *transformation* qui viendrait extirper le « mal patriarcal » à la racine, se fourvoient. Ainsi Margot Badran tire-t-elle une mauvaise conclusion d'une réalité historique pourtant avérée lorsqu'elle écrit :

> Le féminisme islamique est à mon sens au centre d'une transformation à l'intérieur de l'Islam qui le fait aller de l'avant. Si je parle de transformation plutôt que de réforme, c'est parce qu'il s'agit moins

qu'exiger que la différence sexuelle soit reconnue politiquement *per se* est totalement utopique, du fait même de la prégnance du patriarcat. La conclusion s'impose dès lors d'elle-même : pour accéder à la citoyenneté, il faut soit renier sa vie et son expérience de femme et se fondre dans une uniformité juridique de rigueur, soit les revendiquer mais accepter, ce faisant, de retomber dans la séparation traditionnelle entre public (sphère politique) et privé (sphère domestique), puisqu'il n'existe pas de modèle de citoyenneté *typiquement* féminin, *cf.* C. Pateman, *The Sexual Contract*, Stanford, Stanford University Press, 1988, p. 7-8 : « La séparation du public et du privé signifie la séparation du monde de la soumission naturelle, c'est-à-dire des femmes, et du monde des relations conventionnelles et des individus, c'est-à-dire des femmes. Le monde féminin se caractérisant par la nature, la particularité, la différenciation, l'inégalité, l'émotion, l'amour et les liens du sang, est ainsi séparé de la sphère publique universelle – masculine – caractérisée par les conventions, l'égalité civique, ainsi que par la liberté, la raison, le consentement et le contrat ».

1. On pourrait parler ici, s'agissant de l'identité musulmane, d'une version *modérée* de l'essentialisme stratégique (comme on peut parler, par exemple, du républicanisme instrumental comme d'une version modérée du républicanisme civique) dans la mesure où « les différenciations en termes de genre ne sont pas [*toujours*] intrinsèquement opprimantes » (N. Fraser, *Qu'est-ce que la justice sociale ?*, *op. cit.*, p. 99 ; nous ajoutons la précision temporelle). Nous nous démarquons ici de Fraser qui rejette d'emblée l'essentialisme stratégique dans la mesure où il lui paraît malaisé d'adopter une théorie qui ne s'applique pas absolument au cas étudié, *ibid.*, p. 99-100. Néanmoins, s'agissant d'*identité*, et pas simplement d'attitudes ou de comportements liés à celle-ci, il semble difficile de faire autrement que d'épouser un cadre théorique qui rende compte de la polymorphie identitaire.

de *réformer* le patriarcat qui est venu se greffer sur l'Islam que de *transformer* ce qu'on a fait passer comme étant « l'Islam » en le replaçant sur la voie d'un message coranique portant l'égalité des sexes et la justice sociale[1].

Ce genre de propos est emblématique d'un malentendu devenu monnaie courante, consistant à croire que réformer est une attitude foncièrement non radicale, qui opère en surface et qui n'est pas à même d'introduire un réel changement dans l'existence des croyantes. Pourtant, en tablant, comme l'explique Nancy Fraser, sur la correction plutôt que sur la transformation, on affirme la « possibilité d'une voie médiane entre une stratégie corrective politiquement réalisable mais substantiellement défectueuse et une stratégie transformative programmatiquement saine mais politiquement impraticable »[2].

Mais ce n'est pas le seul travers de l'approche des féministes musulmanes. De fait, en optant pour la « transformation », celles-ci posent par principe que le patriarcat est un mal dont on peut venir à bout, à condition de lire correctement les sources scripturaires. Or penser de cette manière, c'est ne pas prendre au sérieux la tâche déconstructive qu'elles doivent entreprendre. C'est oublier que l'enjeu

---

1. M. Badran, « Le féminisme islamique en mouvement », *op. cit.*, p. 51.

2. N. Fraser, *Qu'est-ce que la justice sociale ?*, *op. cit.*, p. 96-97. C'est à l'intérieur de ce cadre théorique que Fraser analyse la question du port du voile dans les pays occidentaux au regard de la polémique qu'elle a suscité en France ces dernières années. Adoptant une position multiculturaliste mais qui rend compte de la nécessité qu'il y a aujourd'hui à penser l'identité comme essentiellement mobile et mutante, elle montre de façon très juste que l'Etat français aurait dû permettre aux jeunes filles qui le désirent de porter le foulard en milieu scolaire. D'après Fraser, un tel geste n'aurait pas été interprété comme une faiblesse ou une concession faite aux fondamentalistes mais comme l'expression de la volonté de considérer « l'identité musulmane » comme une identité « *en transition*, comme l'est l'identité française elle-même, conséquence des interactions transculturelles au sein d'une société multiculturelle ». Et d'ajouter que « dans cette perspective, il se pourrait qu'autoriser le voile dans les écoles publiques soit un pas vers la parité de genre, et non un pas en arrière ». C'est là, affirme-t-elle à juste titre, la meilleure expression d'une position modérée car « cultiver une attitude sceptique envers l'identité et la différence » est tout aussi peu pertinent que de chercher à « promouvoir » à tout prix les différences et les identités de groupe, N. Fraser, *Justice Interruptus*, *op. cit.*, p. 181.

est de montrer les ambivalences du Texte, de révéler la contradiction pour mieux retrouver le paradoxe, et d'expliquer, précisément comment vivre cette situation fondamentalement inconfortable. C'est, dans une sorte de naïveté théorique, oublier que le hiatus n'est pas nécessairement voué à disparaître, que sa présence n'est pas synonyme de défaite. C'est se positionner, définitivement, dans une grille coloniale alors qu'on attendrait de ces femmes qu'elles adoptent une pensée de la frontière où il s'agit de « penser à partir de concepts dichotomiques plutôt que d'agencer le monde en dichotomies ». Car précisément, en cherchant à résorber les contradictions, les féministes musulmanes cherchent à faire disparaître la frontière, à nier la dichotomie essentielle qui s'incarne dans le lieu même de l'énonciation, pensant qu'elle est l'ennemie, alors qu'elle est la condition même de tout vivre-ensemble [1]. Ce n'est pas qu'il soit incongru ou impensable de vouloir venir à bout de la contradiction ; c'est simplement qu'en procédant de la manière qui est la leur, ces femmes finissent par en nier l'existence et, à terme, par un nécessaire retour de bâton, la renforcer [2].

Les féministes musulmanes demeurent ainsi prisonnières de la logique de la justification : si vouloir résorber la contradiction à tout prix est une attitude typiquement coloniale, c'est parce qu'elle

1. W. Mignolo, *Local Histories / Global Designs. Coloniality, Subaltern Knowledges, and Border Thinking*, Princeton, Princeton University Press, 2012, p. 85.

2. En ce sens, et pour reprendre l'idée de « double critique » de Abdelkébir Khatibi (notamment dans *Maghreb Pluriel*, Paris, Denoël, 1983) qui comprend « la décolonisation comme un genre particulier de déconstruction » (comme le souligne W. Mignolo, *Local Histories / Global Designs*, *op. cit.*, p. 84) mais aussi son amendement par Miriam Cooke en « multiple critique » (à l'aune notamment du travail de D. King « Multiple Jeopardy, Multiple Consciousness : The Context of a Black Feminist Idéology », *in* B. Guy-Sheftall (ed.), *Words of Fire : An Anthology of African-American Feminist Thought*, New York, New Press, 1985), le travail des féministes musulmanes demeure bien en-deçà de ce qu'on attendrait d'une perspective critique au sens que lui donne ces deux figures (même si M. Cooke adopte un comportement extrêmement indulgent à l'égard des « Muslims Sisters »). Pour M. Cooke, voir notamment « Multiple Critique : Islamic Feminist Rhetorical Strategies », *Nepantla : Views from South*, vol. 1, Issue 1, 2000, p. 91-110 et *Women Claim Islam*, New York, Routledge, 2001.

représente une manifestation parmi d'autres du syndrome de l'intégration globale. « Nous sommes comme vous, européennes blanches, nous avons les moyens authentiquement normatifs de rivaliser avec vous ». De sorte qu'au final, si le discours de ces militantes musulmanes fait montre d'un réel désir de reconnaissance, ce n'est pas tant d'une reconnaissance de leur spécificité que de leur identité[1]. Au final, nul étonnement que les croyantes « ordinaires » soient disqualifiées : le féminisme musulman comme corpus, idéologie et approche semble être en réalité destiné à convaincre les sœurs blanches (voire les frères) que la féministe musulmane est une féministe *comme* les autres.

III

L'évolution du féminisme musulman va au demeurant exactement dans le sens d'un « polissage » du mouvement. Depuis une dizaine d'années, nous assistons en effet à son internationalisation et à sa structuration sous forme de réseaux et d'organisations globales. Ce déploiement quasi-immanquablement perçu comme un progrès qu'il faut, comme tel, saluer, n'augure en réalité rien de bon.

Nombre de théoriciennes du féminisme musulman se félicitent en tous cas de la présence de ce saut qualitatif dans l'histoire du mouvement, sorte de « bond en avant » qu'elles situent au début des années 2000[2]. Malika Hamidi décrit ainsi le passage de cercles de discussion locaux à un mouvement de pensée féministe musulman résolument « transnational » ; Margot Badran, de son côté, considère qu'à compter de 2005[3], le dit féminisme est entré dans une nouvelle

1. Ce même désir de reconnaissance se retrouve chez les féministes laïques, voir dans le présent volume « Décoloniser Shéhérazade », p. 29-30.
2. L'expression est de Margot Badran, « Où en est le féminisme islamique ? », *Critique internationale*, n°46, janvier-mars 2010, p. 37.
3. Date de parution de l'ouvrage d'A. Waddud, *Inside The Gender Jihad*, mais également de la première grande conférence internationale organisée par les militants et intellectuelles du féminisme islamique et tenue à Barcelone. Ces deux références-événements sont citées par Badran elle-même.

phase, « plus audacieuse », acquérant, en tant que « mouvement social mondial », une dimension globale qui, à son tour, réactive l'engagement proprement local[1]. Et de citer, l'une et l'autre, nombre d'organisations féministes islamiques internationales d'envergure. Ainsi en est-il du réseau GIERFI, présidé par la marocaine Asma Lamrabet, créé en 2007, en qui Hamidi voit « le trait d'union entre la théorie et la pratique, entre l'élaboration d'un discours qui a façonné cette identité hybride et les musulmanes occidentales »[2] ; mentionnant, pour sa part, le WLUML (Women Living Under Muslim Laws), le SIGI (Sisterhood Is Global Institue), la WISE (Women's Islamic Initiative in Spitiruality and Equality), Badran donne à voir la généalogie de mouvements proprement islamiques mais nés à la faveur d'une solidarité entre féministes musulmanes et féministes laïques (de culture musulmane). Badran explique que ces organisations continuent de fonctionner dans cet esprit solidaire, ce qui montre, selon elle, que ces deux types de féminismes ont dépassé un certain nombre de leurs divergences pour entrer « dans un processus de confluence » caractérisé essentiellement par une « communauté d'objectifs » : « débarrasser l'islam de la domination masculine et réaliser l'aspiration à un islam égalitaire, en particulier au sein de la famille, dernier bastion de la forteresse patriarcale »[3].

Apparaît également avec force l'idée relativement nouvelle que le combat ainsi spécifié (contre le patriarcat et le machisme) ne doit pas réunir les seules musulmanes mais toutes les femmes, voire les deux sexes, musulmans ou non. Si Hamidi évoque ainsi un « défi à relever », consistant à « s'engager, musulmanes ou non musulmanes, ensemble contre toutes les formes d'oppression, des violences conjugales à la marchandisation du corps de la femme, et de développer cette alliance féministe tout en respectant les différentes stratégies

---

1. M. Badran, « Où en est le féminisme islamique ? », *op. cit.*, p. 37 et 39.
2. M. Hamidi, « Le point de vue d'une féministe musulmane européenne », *op. cit.*, p. 109.
3. M. Badran, « Où en est le féminisme islamique ? », *op. cit.*, p. 43 et p. 44.

de libération »[1], Badran va encore plus loin, expliquant que « le féminisme islamique appartient à tout le monde », dans la mesure où il « peut bénéficier à tous, aux musulmans des deux sexes, mais aussi, quel que soit le lieu, aux non-musulmans vivant à leurs côtés »[2].

Deux points évoqués par Badran et Hamidi méritent qu'on s'y attarde.

1. L'idée, en premier lieu, que visibilité rime avec efficacité : en passant du statut d'organisation-mouvance locale à celui d'organisation internationale, le féminisme musulman aurait gagné en efficacité, c'est-à-dire fourni à un public de croyantes en manque de réponses les éclaircissements que sa version proprement domestique n'aurait jusque-là pas pu leur livrer. Si l'on peut éventuellement concéder à Badran qu'« à partir de ce niveau mondial d'expression et d'organisation s'est rapidement développée une activité militante locale », que « ces deux niveaux se nourrissent et se renforcent mutuellement »[3], la thèse selon laquelle une telle internationalisation se serait accompagnée d'une prise de conscience aiguë des problèmes de la vie quotidienne de croyantes ordinaires *au sein des pays occidentaux* paraît en revanche, elle, difficilement crédible.

Que son exportation planétaire fasse du féminisme musulman un outil (plus) opératoire semble d'autant plus saugrenu lorsqu'on se rend compte que c'est en réalité tout l'inverse qui se passe. En effet, pareille croissance le dessert plus qu'autre chose, en l'éloignant des préoccupations premières qui ont été à l'origine de sa naissance : répondre aux problèmes d'une *diaspora* féminine. Il n'est que de s'arrêter un instant, à titre d'exemples, sur les activités des « multinationales » du féminisme musulman citées plus haut pour saisir la vérité de ce qui s'y joue. Car soit ces réseaux s'intéressent à la situation de la femme dans les pays islamiques et dans ce cas précis, c'est *toujours* à la faveur d'un éventuel ricochet (dont il paraît

1. M. Hamidi, « Le point de vue d'une féministe musulmane européenne », *op. cit.*, p. 110.

2. M. Badran, « Féminisme islamique : qu'est-ce à dire ? », dans Z. Ali (dir.), *Féminismes islamiques*, *op. cit.*, p. 53, 52.

3. M. Badran, « Où en est le féminisme islamique ? », *op. cit.*, p. 40.

difficile de systématiser et les modalités exactes et la pertinence réelle) que la réalité des croyantes de la diaspora musulmane pourra bénéficier des actions par eux engagés [1] : c'est le cas du WLUML, créée, rappelons-le, par « une Algérienne vivant en France, Marieme Helie-Lucas, pour répondre à l'appel à l'aide de femmes d'Algérie contre un nouveau code de la famille dont il était soudain question dans leur pays » [2] (sic) ; soit ils privilégient une orientation « transcommunautaire » dans lequel les problèmes rencontrés par les femmes musulmanes sont des problèmes « genrés » parmi d'autres : ainsi en est-il de la composante féminine islamique du SIGI, dont Badran rappelle fort à-propos qu'il existait *déjà* avant l'apparition du féminisme musulman sur la scène du « militantisme de genre » et que ledit féminisme y a donc purement et simplement été incorporé comme le serait n'importe quelle structure revendicative genrée. On comprend dès lors que ces réseaux internationaux ne représentent pas nécessairement la manne espérée par les croyantes ordinaires.

2. Une propension certaine à brouiller les pistes au regard, tout à la fois, de la genèse et de l'avenir du féminisme musulman. Il est naturellement toujours possible de reconstruire après coup la naissance du phénomène en en faisant remonter « l'esprit » aux réformateurs du début du xxe siècle et aux féministes laïques de culture musulmane en terre d'Islam qui les ont accompagnées ou qui ont pris le relais par la suite [3], il n'en demeure pas moins que le féminisme musulman, *stricto sensu*, a été initié par des « militantes lettrées » (Badran) qui vivent dans des pays non-musulmans et qui ont été fortement influencés par le *black feminism* et les *Gender studies* (Amina Waddud en est l'exemple paradigmatique). Il paraît extrêmement difficile de

---

1. Même si l'on ne peut nier quelques réussites ponctuelles en la matière. Ainsi M. Badran explique-t-elle que c'est grâce à la publication en 2003 par le WLUML, au Canada, du manifeste *Claiming our Rights : A Manual for Women's Human Rights Education in Muslim Societies* que « les militantes musulmanes ont réussi à empêcher l'institution d'instances d'arbitrage des affaires familiales », *ibid.*, p. 41, n. 44.

2. *Ibid.*, p. 40.

3. M. Badran, « Où en est le féminisme islamique ? », *op. cit.*, p. 40.

reconnaître cette vérité, ainsi que le fait au demeurant Badran, et de persister dans l'affirmation d'une paternité relativement « diffuse » du phénomène en en faisant une réalité anticipée par des intellectuels(les) laïques vivant en terre d'Islam et ayant toujours clairement récusé le qualificatif de féministes musulmanes.

Mais ce qui est célébré ainsi en amont se retrouve également mis en avant en aval : voilà à présent le féminisme musulman, à la faveur de son internationalisation, tout à la fois solidaire (au sens quasi organique du terme) du féminisme laïque, et apte à porter des revendications universelles. Ce faisant, un double mouvement est donné à voir : un renversement assorti d'un détournement.

« Renversement », car ce qui devait être un mouvement avec lequel « les autres féministes » « se devaient de composer », selon le mot de Hamidi, se révèle en dernière instance absorbé par des structures initialement, il faut bien le dire, idéologiquement concurrentielles. On voit dès lors assez mal comment l'on pourrait appeler de ses vœux « une alliance féministe » de ce type, se féliciter que le féminisme musulman soit « *un* féminisme à l'intérieur *du* "éminisme"» « tout en respectant les différentes stratégies de libération »[1].

« Détournement », par ailleurs, dans la mesure où la promotion d'une égalité dans la différence disparaît au profit d'un universalisme nivelant. Là encore, le propos de Hamidi ne laisse pas de place au doute : « le discours des féministes musulmanes en Europe [...] part d'une appartenance religieuse pour arriver à des principes universels »[2]. Reprenant Tariq Ramadan, elle ajoute que ledit discours « part des particularités pour défendre des valeurs communes »[3].

Ainsi donc, comme l'affirmait Badran cité plus haut, hommes, femmes, musulmans, non-musulmans, et plus encore, le féminisme

---

1. M. Hamidi, « Le point de vue d'une féministe musulmane européenne », *op. cit.*, p. 110, 105, 110.

2. *Ibid.*, p. 105.

3. *Ibid.* M. Hamidi cite Ramadan, « Musulmanes féministes, du paradoxe à la réalité », Colloque au Parlement européen, 5 mars 2004.

musulman brasserait large, accueillant qui le désire dans un véritable élan d'humanisme. Cette façon d'envisager les choses a de quoi étonner qui, précisément, considère le féminisme en question comme, peu ou prou, une émanation des *Gender studies* et du *Black Feminism* et donc, le moins que l'on puisse dire, totalement à contre-courant, de ce type d'universalisme lénifiant et aveugle aux rapports de force en jeu dans le questionnement identitaire.

Mais plus que cela encore, l'on est clairement en droit d'interroger la pertinence et la validité du « tournant universaliste » ainsi opéré : en renouant ainsi avec ce contre quoi et pour quoi il s'est toujours insurgé, le féminisme musulman ainsi dévoyé a-t-il encore une quelconque légitimité, voire des prétentions à faire valoir ?

*

Il est vrai qu'il y a dans le féminisme musulman beaucoup plus qu'une querelle d'exégètes plus ou moins oiseuse sur la question de la détermination de la part et du degré d'androcentrisme du corpus islamique. L'enjeu est en effet tout autre, si tant est que l'on prenne la peine de s'intéresser au principe même de la démarche de ces féministes musulmanes : à l'ère de la mondialisation, où la mobilité des personnes n'a jamais été (malgré tout) aussi aisée et où la porosité remplace le cloisonnement, il devient urgent de penser autrement l'identité musulmane dans le souci d'une déconstruction minutieuse des sources scripturaires sacrées.

Mais l'échec n'en est pas moins patent. Il semble bien que le féminisme musulman soit aujourd'hui revenu à la case départ : en s'inscrivant de plain-pied dans une perspective universaliste, il transforme malheureusement l'essai qu'il avait inscrit sur le plan normatif, lorsqu'à la déconstruction véritable des sources scripturaires, il préférait la reconnaissance et l'adoubement blancs, sacrifiant au passage son public de croyantes en mal de réponses. Il devient plus que malaisé, dans ces conditions, de réclamer ne serait-ce que la *tolérance* (on ne tolère pas ses semblables) alors qu'on aurait pu être effectivement en position d'arracher l'*hospitalité* en faisant le bon choix épistémologique, celui d'une pensée décoloniale qui commence par « apprendre à désapprendre »[1].

1. Du titre de l'ouvrage co-écrit par M. Tlostanova et W. Mignolo, *Learning to Unlearn : Decolonial Reflections from Eurasia and the Americas*, *op. cit.* Comme le note M. Tlostanova ailleurs, quoique de manière relativement euphémistique, « l'une des différences les plus importantes entre le féminisme musulman contemporain et les autres variantes genrées du discours décolonial et tiers-mondiste est que les femmes musulmanes ne sont pas nécessairement engagées dans la lutte et la dynamique postcoloniale », *Gender Epistemologies and Eurasian Borderlands*, New York, Palgrave MacMillan, 2010, p. 48. La jeune génération semble néanmoins avoir, quoique de manière un peu floue, l'intuition de cette nécessité. Ainsi Saida Kada, militante musulmane engagée originaire de la région lyonnaise, paraît envisager le problème en termes résolument épistémologiques lorsqu'elle explique qu'« un jour les musulmanes vont s'émanciper de cette mise sous tutelle des frères. Ce n'est d'ailleurs pas toujours les frères qui la recherchent, elles peuvent se mettre sous-tutelle elles-mêmes. Un jour on arrivera à se *désapprendre* pour se *réapprendre* parce qu'on a été acculturées en tant que femmes dans notre registre de féminitude » dans « Antiracisme et antisexisme : itinéraire d'une femme musulmane engagée en France. Entretien avec Saida Kaida », dans Z. Ali (dir.), *Féminismes islamiques*, *op. cit.*, p. 197-198. De la même manière on trouve parfois l'intuition selon lauqelle il y aurait jn travail à faire en termes de colonialité du genre chez Asma Barlas par exemple lorsqu'elle explique que le Coran « n'établit pas de lien entre le sexe et le genre », Femmes musulmanes et oppression : lire la libération à partir du Coran », dans *Féminismes islamiques*, *op. cit.*, p. 88.

CHAPITRE IV

LA RÉVOLUTION
AU PRISME DU FÉMINISME DÉCOLONIAL
L'EXEMPLE TUNISIEN

Il n'y a pas que le féminisme musulman occidental qui ait manqué une occasion historique de représenter un choix idéologique avec lequel il faut compter. C'est aussi le cas du féminisme tunisien à l'heure de la Révolution de 2010.

Rappelons d'abord que le féminisme qui est défendu, prôné et étudié aujourd'hui en Tunisie depuis l'indépendance, est très largement le féminisme des années soixante-dix en France, celui des combats pour l'égalité sexuelle. La Révolution de décembre 2010 lui a donné un adversaire de taille, un féminisme musulman, « culturel » ou encore « différentialiste » pour reprendre la terminologie de Fraser, qui prétend réhabiliter la féminité (ou prétendue féminité) en déconstruisant – sans le savoir ou plutôt sans le vouloir – l'androcentrisme à l'œuvre dans le féminisme blanc et laïque, accusé de vouloir faire des femmes des hommes comme les autres.

Rien que de très naturel, somme toute : le féminisme tunisien en est à ses premiers balbutiements et les discussions centrées autour de l'opposition égalité-différence peuvent se comprendre, à l'aune de l'histoire du féminisme occidental, comme la première phase d'un féminisme en pleine élaboration. Néanmoins, la spécificité tunisienne est bien là. Elle se situe d'abord dans le fait que l'anti-essentialisme des féministes progressistes demeure relativement primaire : il n'y a pas de réelle volonté de déconstruire les identités de groupe, en affirmant, comme le font les féministes occidentales, que ces identités de groupe ne sont jamais déjà là « en vertu d'une position sociale ou d'une appartenance "objective" à un groupe »[1] et que, de ce fait, n'ayant rien de nécessaire, elles ne sont ni plus ni moins que le fruit de processus culturels qui les informent. Le féminisme libéral tunisien se contente ainsi de reproduire un féminisme MLF foncièrement occidentalo-centré qui les a informées et conditionnées mais en important une version *light* « adaptée » à une société qui demeure authentiquement conservatrice. Mais la spécificité tunisienne, c'est aussi que le féminisme musulman ne présente pas d'alternative viable. Si les féministes musulmanes surfent effectivement sur la vague différentialiste en œuvrant à exprimer la valeur et le contenu positif de la féminité, cette « identité de genre », censée valoir pour toutes les femmes, est en réalité foncièrement exclusive : la sororité des féministes musulmanes ne se conçoit pas comme un projet œcuménique, tant s'en faut.

Pour autant, la Révolution aurait pu être la chance (voire le prétexte rêvé) du féminisme tunisien d'en finir avec le débat égalité-différence, et de passer à la phase suivante, celle de la prise de conscience de la « différence entre les femmes », pour reprendre l'expression de Fraser. De fait, grande a été la tentation de croire que parce que le combat contre la dictature, dès décembre 2010, a été initié par les femmes dites « ordinaires » de l'intérieur du pays et des banlieues défavorisées du Grand Tunis, la vision monolithique du féminin que le féminisme tunisien véhiculait depuis l'indépendance serait sinon sérieusement mise à mal, du moins considérablement nuancée. Les conditions objectives étaient même réunies pour aller encore plus loin et penser à « l'intersection des multiples différences », en croisant le genre et d'autres axes de différence et de subordination comme, précisément, l'appartenance régionale, l'ethnie (le tribalisme existe en Tunisie), la catégorie-socio-professionnelle. Le féminisme tunisien aurait pu évoluer vers une approche proprement décoloniale qui ne dissimule pas la position épistémique du sujet qui parle, faisant sienne le credo d'une Audre Lorde selon lequel « les outils du maître ne pourront

---

1. N. Fraser, « Multiculturalisme, anti-essentialisme et démocratie radicale. Genèse de l'impasse actuelle de la théorie féministe », *Cahiers du genre*, 2, n° 39, 2005, p. 33.

jamais permettre de détruire sa maison » [1]. Or non seulement celui-ci n'a pas transformé l'essai mais il semble avoir participé à la pérennisation d'un certain *statu quo*.

Nous nous attacherons à montrer dans quelle mesure le féminisme tunisien a raté son rendez-vous avec l'Histoire, en croisant deux niveaux : un niveau proprement politique (I), s'agissant de l'activisme des unes et des autres, où se manifeste la prégnance d'un androcentrisme qui a la peau dure et qui se manifeste aussi bien chez les progressistes que chez les féministes musulmanes : chez les premières, *via* ce que nous appelons le « maternalisme politique » ; chez les secondes, à travers la politisation des enjeux, politisation elle-même sous-tendue par une conception du monde qui pérennise, d'une certaine manière, ce fondement androcentrique. Nous passerons ensuite au niveau académique (II) où nous montrerons dans quelle mesure la non-réception des études postcoloniales en genre, dans un pays marqué par la colonialité du pouvoir dans ses différentes dimensions, participe de l'indigence du paysage féministe en Tunisie.

Nous terminerons (III) en esquissant, d'une manière largement programmatique, quelques pistes pour un féminisme tunisien viable sur le plan à la fois théorique et pratique. Il s'agira en substance de « décoloniser le genre » en pratiquant un différentialisme bien compris.

I

1) Intéressons-nous donc, pour commencer, au « maternalisme politique » des féministes progressistes. Même si le problème se pose également pour l'engagement associatif, nous nous contenterons ici de l'aspect proprement politique du phénomène. La révolution tunisienne a exacerbé, et donc rendu flagrante, une réalité qui perdure depuis vingt-cinq ans, savoir la prégnance d'un féminisme « blanc »,

---

1. « The Master's Tools Will Never Dismantle the Master's House ». C'est sous ce titre qu'est repris le discours d'Audre Lorde dans son recueil *Sister outsider : Essays and speeches*, Crossing Press, 1984. Une traduction française existe depuis 2003 sous le titre *Sister outsider. Essais et propos d'Audre Lorde : sur la poésie, l'érotisme, le racisme, le sexisme*, Mamamelis.

occidentalo-centré. Tout se passe comme si les remises en question opérées par les féministes de couleur non-occidentales depuis les années 1970 n'avaient jamais atteint les féministes tunisiennes occupées, trente ans après, à promouvoir un féminisme MLF parfois avec une fidélité que les adeptes de la première heure n'oseraient même plus afficher[1].

La prégnance de ce féminisme universaliste qui a fait le choix d'une épistémologie de la dénonciation contre une épistémologie de la domination, n'a eu d'égal que son rejet pur et simple, comme les résultats des élections de la Constituante en octobre 2011 l'ont montré. Totalement désavouées, les femmes dites progressistes qui se sont investies en politique ont ainsi toutes perdues, à de très rares exceptions près.

C'est en effet un certain paternalisme qui a été ici sanctionné, celui dont on fait preuve ces femmes qui se sont pour la plupart découvertes un penchant pour la politique après la révolution. Entre souci pédagogique d'éclairer les masses et propagande politique, le pas peut être très vite franchi. Citons à ce titre l'exemple d'une artiste plasticienne reconnue en Tunisie, engagée en politique et tête de liste dans l'une des deux circonscription de la capitale[2]. Celle-ci explique qu'elle a toujours promu la cause des femmes rurales : hier, en tant qu'artisan, elle les aidait à « acquérir le savoir-faire nécessaire pour adapter le patrimoine tunisien et les métiers de l'artisanat aux besoins de notre société moderne », il est donc tout naturel qu'elle « continue » aujourd'hui « dans ce sens » en tant que femme politique élue à l'Assemblée Nationale Constituante. « La politique, explique-t-elle, est basée sur des concepts et des projets. Je suis avant tout créatrice artistique, donc j'ai la capacité de donner des idées nouvelles qui

1. Marnia Lazreg fait le même diagnostic : « Le projet féministe algérien et moyen-oriental se déroule[rait] au sein d'un cadre de référence qui lui est imposé de l'extérieur et selon des normes qui lui sont également imposées de l'extérieur », « Féminisme et différence », *Les Cahiers du CEDREF*, 2010.

2. Engagée, plus précisément, sous la bannière du Parti de l'Union Populaire dont elle est tête de liste à Tunis 2, et fondatrice d'un mouvement par ailleurs très dynamique, « Femmes, retroussez vos manches », mouvement qui organise des cercles de discussion sur l'ensemble du territoire.

pourraient aider les Tunisiens »[1]. Il y a là, à n'en pas douter, un véritable mélange des genres, voire, c'est selon, un malentendu à l'origine de l'engagement politique : la création artistique et la « création politique » seraient-elles du même ordre ? Tout cela est difficilement acceptable.

Ne nous méprenons pas : il ne s'agit pas de mettre un seul instant en doute la sincérité de l'engagement de cette dame mais simplement de s'interroger sur le caractère problématique des rapports de force et du saut qualitatif opéré ici (et ailleurs, dans la mesure où cet exemple est loin d'être isolé), saut d'autant plus sournois qu'il est spontanément et naturellement envisagé, comme s'il allait de soi. Or le savoir « scientifique » et le savoir citoyen ne sont pas à mettre sur le même plan, tant s'en faut, surtout lorsque ce dernier est clairement traversé par des considérations d'ordre idéologique.

Force est de constater qu'en se présentant en détentrices d'un savoir – le savoir démocratique – ces femmes politique sont d'emblée considérées comme porteuses d'un pouvoir certain qui invite à la méfiance, voire à une attitude de rejet. Nous avons pu au demeurant observer les conséquences de cette résistance des femmes rurales dans le résultat des élections de la Constituante : fort taux d'abstention des femmes rurales, et des jeunes plus particulièrement, et, pour celles qui ont voté, les plus âgées, vote-sanction à l'égard de ces femmes militantes associatives et de leur projet de société moderniste, jugé tout à la fois comme contraire aux valeurs islamiques et en total déphasage avec leur propre réalité.

L'action de ces militantes citadines arrivées de la ville a très souvent été perçue comme une intrusion et assimilée à une volonté quasi-coloniale de sauver les « indigènes de la République » d'eux-mêmes, de les arracher à un statut millénaire de victimes. Ce jugement qu'un certain féminisme occidental portait sur les femmes du Tiers-Monde, l'élite féminine dudit Tiers-Monde le porte à son tour sur ses congénères du « bas peuple ». On pourrait somme toute dire (en parodiant la formule de Spivak déjà citée[2]) que ces femmes rurales

---

1. *Ibid.*
2. Voir *supra*, chapitre II, p. 39.

ont fini par se retrouver dans une situation pour le moins paradoxale, dans la mesure où « des *femmes blanches* [se sont mis en tête de] protéger et sauver les femmes de couleur des hommes de couleur ». Non pas que les « hommes de couleur » soient des saints : les femmes rurales sont surexploitées, travaillent aux champs (à Kasserine par exemple, elles assurent plus de 70% du travail agricole), s'occupent du foyer, tout cela sans aucune contrepartie : ni financière, ni morale, ni même symbolique. Le problème est bien plutôt que cette « rhétorique du salut » est motivée par des considérations idéologiques elles-mêmes tributaires d'une épistémologie particulière : il s'agit bien de promouvoir un savoir particulier, qui sert et sous-tend un pouvoir bien déterminé.

Il est au demeurant très révélateur que ce savoir-là ait été au préalable inculqué à ces femmes citadines militantes associatives et à leurs consœurs engagées en politique, donnant un crédit certain à l'idée d'un paternalisme à l'œuvre, un paternalisme qui finalement touche *toutes* les femmes. Plus exactement, tout se passe comme si ces « femmes de pouvoir » reproduisaient ce schéma paternaliste dont elles sont elles-mêmes victimes avec les femmes issues de milieux défavorisés.

L'université d'été organisée durant l'été 2011 conjointement par le PNUD, l'Institut National Démocratique, l'ONU Femmes, le réseau Iknow Politics, le Centre de la Femme Arabe pour la Formation et la Recherche illustre très bien la prégnance d'un schéma autoritaire dans les rapports entre femmes. Cette université a pour but d'apprendre à ces femmes comment mener une campagne électorale, comment travailler avec la société civile, et à les aider à identifier celles qui auraient le potentiel et l'envergure pour être, selon le mot de l'un des modérateurs, des « femmes leaders », et donc, au final, de faire, comme on dit, du « réseautage », un réseautage aux fins évidentes d'implantation au niveau local et régional.

A cette fin, cinquante femmes politiques tunisiennes, venant d'horizons différents et encadrées par des experts internationaux, ont pris part à des ateliers restreints de formation portant sur « la constitution d'une équipe de campagne, le message, la communication avec les électeurs et les médias et la planification stratégiques ». Il est assez amusant, et là aussi révélateur, de constater que l'on n'a pas songé à organiser une université d'été mixte, eu égard au désert politique qui a régné durant 23 ans (et même plus) en Tunisie. Apparemment, le manque de culture politique, comme le pouvoir, a un sexe.

2) Le féminisme islamique tunisien, lui non plus, ne réussit pas à fédérer les femmes du pays. Multiples, les raisons de cet échec s'entrecroisent en un maillage subtil qu'on pourrait déconstruire comme suit. Il est fondamental de comprendre *en tout premier lieu* que le féminisme islamique tunisien est foncièrement *politique*. Celles qui parlent au nom des femmes musulmanes sont des membres du parti islamiste : dès lors, il s'agit bien plutôt d'un féminisme islamiste, si tant est qu'on puisse oser l'oxymore, que d'un féminisme musulman. Cette simple observation concentre en elle-même tous les tenants et les aboutissants du problème.

Elle donne à voir, d'abord, que le féminisme islamique tunisien n'a jamais eu d'ambitions normatives, contrairement à ce qui existe en Iran, au Pakistan, en Egypte ou aux États-Unis : il n'y aucune volonté de déconstruire les principes du Coran et de proposer le résultat de cette lecture alternative féministe au public, ni le souci d'ébranler un tant soit peu le pouvoir de l'orthodoxie religieuse, ni même de jeter un pont entre féministes islamiques et féministes laïques comme c'est le cas depuis le « tournant universaliste » du féminisme musulman [1]. Ceci explique à son tour pourquoi ledit courant

---

1. Sur ce « tournant universaliste », voir *supra*, chapitre III, p. 74-79. S'agissant de la présence médiatique et normative de figures-clés du féminisme islamique, les deux pays pionniers du printemps arabe, la Tunisie et l'Egypte n'ont pas suivi le même processus. Comme le note l'égyptienne Omaima Abou-Bakr, « les prédicatrices musulmanes médiatisées actuellement et les universitaires représentées par des figures de programmes de télévision populaires comme So'ad Saleh, Amina Nusayr (toutes deux universitaires diplômées d'un doctorat à Al-Azhar, la première spécialisée en jurisprudence islamique, et la seconde en doctrine et philosophie), Malakah Zirar (spécialiste de loi islamique de l'Université du Caire), Nadia 'Imarah (prédicatrice d'études islamiques […] [apparaissent toutes] régulièrement sur les chaînes satellitaires de la télévision égyptienne pour présenter des programmes religieux dans lesquels

n'est représenté par aucune figure de proue qui porte ses idées et dans laquelle les femmes pourraient se reconnaître : le féminisme islamique n'est pas une affaire de femmes *stricto sensu*, celles-ci n'étant au final que la voix d'un parti politique d'hommes, un parti auxquelles elles ont fait allégeance. L'allégeance ainsi entendue n'a rien à voir avec la discipline partisane dont il demeure toujours possible de se libérer. Ce dont il est ici question est une allégeance aux fondements exclusivement religieux qui plonge ses racines au cœur même de l'Islam politique et se fonde sur l'idée que, parce que les normes et les valeurs de la société seront celles qui auront été décrétées à un moment donné par les gouvernants, toute velléité contestataire sera considérée littéralement comme *hérétique*.

Cette allégeance « structurelle » explique à son tour pourquoi l'on ne doit pas être déçu du comportement des ces femmes politiques islamistes lorsqu'elles militent contre les femmes plutôt qu'en leur faveur et pourquoi l'on aurait tort, à mon sens, de voir dans leurs prises de positions féministes ponctuelles et sporadiques au sein de l'Assemblée Constituante une volonté réelle d'émancipation. D'autant plus lorsque l'on comprend que cette allégeance s'inscrit elle-même dans une vision du monde où le changement et la mobilité sociale sont bannis.

Un exemple peut nous aider à y voir plus clair. Durant l'été 2012, le parti Ennahdha a proposé de remplacer l'égalité des sexes par la complémentarité dans le projet de l'article 28 de la nouvelle Constitution [1]. Ce qui se joue dans cet article n'est bien évidemment ni plus ni moins qu'une tentative d'entériner un principe de hiérarchie, et donc d'inégalité, dans le but de préserver ce qui est considéré

elles sont consultées sur diverses questions liées à la religion et aux femmes », « Le féminisme islamique et la production de la connaissance : perspectives dans l'Egypte post-révolutionnaire », dans Z. Ali (dir.), *Féminismes islamiques, op. cit.*, p. 180.

1. Le texte de l'article est le suivant : « L'Etat garantit la protection des droits de la femme, consolide ses acquis, en tant que véritable associée de l'homme dans la construction de la patrie et avec qui il y a complémentarité des rôles au sein de la famille. L'État garantit l'égalité des chances pour la femme dans toutes les responsabilités. L'État garantit la lutte contre la violence faite aux femmes, de quelque nature qu'elle soit », *Projet de l'article 28* de la nouvelle Constitution tunisienne.

comme « l'équilibre » de la société. Il s'agit d'imposer à la société tunisienne un *contenu* et non pas un *cadre*. De ce coup de force constitutionnel, l'individu est le grand perdant, sacrifié sur l'autel du communautarisme, absorbé par la Famille, qui passe de valeur-refuge à la norme suprême.

Mais pour mieux comprendre ces enjeux et la polémique qui a fait rage à l'époque, il importe de saisir que la propension à défendre avec autant d'acharnement et de ferveur cet idéal de la complémentarité ne procède pas d'une lubie, mais est le prolongement direct d'une métaphysique et d'une vision du monde pré-modernes, où la conception de l'égalité qui prévaut est une égalité géométrique et non arithmétique. En cela, le Moyen Âge musulman est le digne hériter de la conception antique du monde où les individus, *stricto sensu*, ne se valent pas parce qu'ils ne sauraient être interchangeables. Rendre justice à Untel, dans cette perspective, c'est donc lui donner ce à quoi il peut prétendre de par son statut de « complément », participant de l'harmonie sociale à son niveau ; pour utiliser un exemple trivial mais parlant, au menuisier, on donnera une ponceuse et une raboteuse, au paysan une pelle et une pioche – étant entendu, naturellement que ce statut n'est par définition pas appeler à évoluer : nous sommes certes tous complémentaires, mais chacun doit rester à sa place sans espoir d'en changer.

La remarque de Férida Labidi, élue nahdhaouie et présidente de la Commission des droits et libertés à l'ANC, s'inscrit clairement dans cette perspective. Celle-ci affirme qu'« on ne peut pas parler d'égalité entre l'homme et la femme dans l'absolu, sinon on risque de rompre l'équilibre familial et de défigurer le modèle social dans lequel nous vivons ». Et d'ajouter : « Il y va de la question de paternité, de l'octroi du nom de famille ou bien de l'héritage. Si la femme est l'égale de l'homme, alors il va falloir qu'elle soit contrainte à payer la pension alimentaire des enfants, au même titre que l'homme ! Or ceci est contraire à notre mode de vie social »[1]. S'il y a « des choses qui ne se font pas », c'est bien parce que les rôles ont été distribués

---

1. Interview donnée à Radio Express FM, 6 août 2012.

depuis toujours, que cette distribution est censée avoir fait ses preuves et que vouloir la modifier un tant soit peu, c'est courir le risque d'enrayer le fonctionnement du système, en donnant une pelle au menuisier et une raboteuse au paysan.

Parce qu'elles sont fondamentalement ancrées dans cette conception du monde, les femmes du parti Ennahdha pourront difficilement s'inscrire dans un processus d'*empowerment* durable [1].

II

Aujourd'hui, l'égalité est certes constitutionnellement garantie. Mais cela ne signifie pas grand-chose si les féministes tunisiennes ne se décident pas à réfléchir sérieusement *à l'intersection* des catégories de sexe, de classe et de loyautés communautaires, si elles ne font pas l'effort de penser leurs interactions, très souvent multiples et complexes, très rarement naturalisables. L'on pense ici tout naturellement encore une fois à Spivak qui clôt sa relecture de *Jane Eyre* [2] par une invitation à mettre fin à une certaine forme de mystification consistant à nous faire croire en la validité universelle de ce qui, dans le fond, ne sont rien d'autres que des tropes. Spivak a la formule suivante : « c'est par de tels gestes, écrit-elle, plutôt qu'en *décidant* simplement de célébrer la femme, que la critique féministe peut être une force de changement pour la discipline. Mais pour ce faire, elle doit reconnaître qu'elle est complice de l'institution au sein de laquelle elle cherche un espace. Ce lent et difficile travail pourrait la faire passer de l'opposition à la critique », c'est-à-dire de la simple

1. A l'appui de cette idée, le fait qu'à la date du 19 février 2014, cinq femmes se trouvent parmi les onze députés nahdhaouis souhaitant annuler le décret-loi 103 relatif à la convention de CEDAW à cause des paragraphes 2, 9, 16 et 29 relatifs au droit de la femme musulmane à épouser un non-musulman, le droit à l'héritage, le droit de donner aux enfants le nom de famille de la mère, le droit de circuler librement, l'égalité parfaite dans la possession de biens et l'égalité parfaite devant la justice.

2. Une relecture typiquement postcoloniale qui montre comment la production de l'héroïne blanche se fait au détriment des femmes de couleur, noires ou créoles, à qui l'on a délibérément assigné un rôle marginal et secondaire.

épistémologie de la dénonciation à une épistémologie de la domination[1]. Le féminisme, c'est aussi ce courage-*là*.

Ce courage fait clairement défaut aujourd'hui. La non-réception des études postcoloniales en genre dans le milieu académique tunisien, une non-réception qui participe de l'indigence du féminisme local, en est une manifestation claire. Il n'y a aucune volonté de déconstruire les identités et d'en tirer les implications qui s'imposent. Pire, lorsqu'on ne confond pas genre et sexe, on se contente d'énoncer la fameuse distinction, en se référant en général toujours à Judith Butler mais une Butler assez caricaturale, vidée de son potentiel subversif.

Cette méconnaissance des *gender studies* s'accompagne d'une quasi-ignorance du champ des études postcoloniales. Même si dans la plus grande (mais aussi la plus ancienne) université du pays, quelque quatre départements sur huit dispensent des cours en études postcoloniales (philosophie et anglais de manière franche et suivie, plus timidement en histoire et en langue française), il n'en demeure pas moins que ce type de cours est pratiquement totalement inexistant dans les universités de province. Ne nous étonnons donc pas si, au regard de cette situation, les études postcoloniales en genre n'aient quasiment aucun écho dans le milieu académique tunisien.

Il y a, semble-t-il, une raison essentielle à cette indifférence. Il y a d'abord, pour celles et ceux qui ont fait l'effort de prendre connaissance du sujet, une tendance générale à faire l'amalgame entre littérature postcoloniale et apologie du communautarisme. Tout se passe en effet comme si l'intérêt pour le concept de subalternité – dans la mesure où il fait une certaine place aux particularismes et aux identités collectives mais aussi aux récits, aux témoignages et à la littérature plus qu'à la pensée proprement normative – devait nécessairement cautionner une pensée *infra*, de second ordre fondé sur le rejet de l'autre et célébrant l'incommensurabilité des valeurs et des vécus.

---

1. « Trois textes de femmes et une critique de l'impérialisme », *Les Cahiers du CEDREF*, « Genres et perspectives postcoloniales », textes réunis et présentés par A. Kian, Université Paris VII (Paris-Diderot), 2010, p. 144. Sur l'idée de complicité, voir dans ce même ouvrage « L'*empowerment*, un remède-miracle au devenir femme de la pauvreté ? »

Dans cette perspective, le féminisme postcolonial est perçu comme le rejeton parmi d'autres d'une pensée conservatrice qui ne dit pas son nom et prétendument défendue par des femmes qui instrumentalisent la grille postcoloniale pour asseoir une idéologie essentialiste. Pour l'anecdote, et quel que soit l'usage qui en est fait, la simple évocation de l'idée d'essentialisme stratégique développée par Spivak lors d'une rencontre académique produit immanquablement une réaction de rejet chez les universitaires tunisiennes : le sentiment d'une menace qui plane sur des libertés très tôt acquises en comparaison de ce qui existe dans les autres payas arabes, est très vivace.

Quant aux travaux des féministes postcoloniales de culture musulmane, ils ne sont pas plus connus : le concept de résistance développé par Lila Abu Lughod ou Saba Mahmood ne signifie pas grand-chose pour les féministes libérales tunisiennes, et lorsqu'elles en prennent connaissance, elles lui opposent inévitablement la notion d'autonomie considérée, tout à la fois, comme la panacée universelle et une fin en soi, évacuant ainsi toute une tradition allant du républicanisme critique à la pensée proprement décoloniale[1].

Cette posture particulière est elle-même le symptôme d'un mal plus général qui touche une très grande majorité d'universitaires, hommes et femmes et qui consiste à prendre ses distances de toute pensée non orthodoxe, c'est-à-dire, dans le cas d'espèce, non libérale, mais aussi à décrédibiliser (volontairement ou non) toutes les sources « indigènes ». Comme le note très justement Mignolo, ce n'est pas tant la fuite des cerveaux qu'il faut déplorer que leur propension à

---

1. Tout se passe comme si les principales concernées – en l'occurrence les féministes de culture musulmanes- étaient incapables de rendre compte d'une manière adéquate de la cause des femmes « orientales » : pourquoi lire Saba Mahmood et Lila Abu Lughod quand on a Simone de Beauvoir ? Il y a celles qui font autorité et les autres, exactement de la même manière qu'aujourd'hui encore, on préfère lire Claude Levi-Strauss que de s'en remettre aux anthropologues locaux pour comprendre la culture amazonienne. Il manque au féminisme académique de prendre au sérieux l'idée d'une « géopolitique du savoir » qui maintient la « différence coloniale » au niveau épistémique. Reconnaître cela, c'est déjà entamer le processus de désobéissance épistémologique. Sur le versant proprement académique de la question, voir M. Tlostanova, W. Mignolo (eds.), *Learning to Unlearn : Decolonial Reflections from Eurasia and the Americas*, *op. cit.*, chap. 7, p. 196-216.

reproduire sur place ce qui a toujours été, même si l'ouverture sur cette littérature « hétérodoxe » ne saurait leur permettre de résoudre l'ensemble des problèmes auxquels ils font face localement :

Le plus nocif n'est pas que les chercheurs quittent les pays où ils n'ont pas les moyens de travailler pour ceux où ils les ont ; c'est qu'ils restent dans les pays où les mauvaises conditions de recherches leur font reproduire les concepts élaborés par d'autres expériences historiques et sociales […] la sociologie indigène est importante aussi, quoi qu'elle ne représente qu'une part du problème [1].

Tout ceci est d'autant plus difficile à comprendre que la Révolution tunisienne a été initiée par ses femmes « indigènes », ces subalternes des régions défavorisées délibérément mis à l'écart de toute politique de développement depuis plus d'un siècle. De fait, sans ces femmes-là, l'insurrection initiale qui a embrasé le centre du pays au mois de décembre 2010 ne serait pas transformée en révolution. Le témoignage d'une institutrice et militante syndicale indépendante, originaire de la ville de Kasserine, au centre du pays (l'une des villes qui a payé le plus lourd tribut lors des événements de décembre 2010 et janvier 2011) est à ce titre tout à fait éclairant :

> Dès le départ, les femmes ont été aux premiers rangs et lorsque s'est constitué à Kasserine le Comité de défense de la Révolution, le premier en Tunisie, les femmes étaient avec les syndicalistes pour assurer la pérennité de cette initiative. Très vite, nous avons été submergés par la présence militaire. Seules les femmes étaient autorisées à suivre les enterrements. Les gens ne pouvaient plus sortir pour se nourrir en raison des risques, et les femmes devaient faire bouillir la marmite avec ce qu'il y avait. Elles étaient très présentes. A tout moment et partout. Elles sont sorties, les progressistes et les autres…elles ont acheté des médicaments, engagé des collectes, rendu visite aux familles des martyrs et accueilli des journalistes. On n'avait pas de local, on faisait tout chez nous. Nous avons utilisé tous les moyens pour faire entendre nos voix. Nous écrivions les

---

1. W. Mignolo, « Géopolitique…. », *op. cit.*, p. 65.

slogans sur des draps ou des tabliers qui nous servaient de banderoles. La couturière et le menuisier de la cité nous aidaient bénévolement[1].

Le cas de ces femmes de Kasserine n'est pas isolé. On retrouve les mêmes attitudes de résistance dans tout le centre du pays, mais aussi dans les banlieues défavorisées du Grand Tunis : ces femmes qui ont été un acteur à part entière de la révolution, qui ont sacrifié, qui un mari, qui un frère ont l'impression d'avoir été instrumentalisées. Les sentiments de trahison et d'oubli sont très forts. La colère ne cesse de gronder depuis que la parole a été libérée ; ainsi cette vieille femme, originaire de Thala, qui a perdu un fils lors de la révolution, résume parfaitement la situation dans un témoignage livré à une sociologue de terrain : « nous n'avons rien obtenu, dit-elle. Et quand nous faisons entendre notre voix, on nous met en taule et on nous torture »[2]. Troublant est ici l'écho que ces propos font à ceux d'Olympe de Gouges dans le Postambule sa *Déclaration des droits de la femme et de la citoyenne* : « O femmes ! Femmes, quand cesserez-vous d'être aveugles ? Quels sont les avantages que vous avez recueillis dans la révolution ? Un mépris plus marqué, un dédain plus signalé ».

Cette réalité aurait pu être précisément l'occasion de faire du postcolonial en genre, de s'interroger sur la domination à l'œuvre dans ce processus de transition, sur cette volonté politique à l'œuvre qui veillerait systématiquement à ramener les femmes de l'intérieur du pays à leur statut pré-révolutionnaire. Or tout se passe comme si rien ne pouvait changer le cours de l'histoire du féminisme tunisien.

1. Entretien réalisé par la sociologue Dorra Mahfoudh, le 2 septembre 2011, repris par *Le Maghreb magazine*, Tunis, n°2, 7 oct. 2011, p. 83. Il y a, dans ce témoignage, d'étonnantes réminiscences fanoniennes. Qu'on songe en effet à ce passage où Fanon décrit le combat de la femme algérienne contre la colonisation : « Cette femme qui, dans les avenues d'Alger ou de Constantine transporte les grenades ou les chargeurs de fusil-mitrailleur, cette femme qui demain sera outragée, violée, torturée, ne peut pas repenser jusque dans les détails les plus infimes ses comportements anciens, cette femme qui écrit les pages héroïques de l'histoire algérienne fait exploser le monde rétréci et irresponsable dans lequel elle vivait, et conjointement collabore à la destruction du colonialisme et à la naissance d'une nouvelle femme », *Sociologie d'une révolution*, Paris, Maspero, 1968, p. 93.

2. *Le Maghreb magazine*, p. 81.

III

Quels sont donc les enseignements que l'on peut tirer de tout ce qui précède ? Pour le dire autrement, de quel type de féminisme avons-nous besoin aujourd'hui dans la Tunisie post-révolutionnaire ?

1. *Il semble d'abord essentiel de pratiquer le différentialisme sans pour autant tomber dans le populisme.* Les femmes de l'intérieur ont certes des besoins précis en termes d'accès à l'emploi (notamment au regard des procédures d'octroi de micro-crédits), de prise en compte du travail non rémunéré, notamment aux champs, et donc d'autonomie matérielle ; c'est un fait. Mais ceci ne doit pas non plus nous faire croire qu'il y a des combats plus dignes d'être menés que d'autres. Prenons un exemple récent : il y a quelque temps, le ministère de l'intérieur se fendait d'une circulaire exigeant de toute femme célibataire de moins de 35 ans voyageant seule hors des frontières du pays de présenter une autorisation de sortie du territoire signée par son tuteur légal. La mobilisation a été d'une ampleur telle que les autorités ont fini par reculer. On a néanmoins entendu des voix s'élever pour dire que ce combat était un combat de nanties qui ont le luxe de voyager quand d'autres femmes travaillent 15 heures par jour pour quelques dinars.

2. *Pratiquer le différentialisme mais sans perdre de vue la dimension générique du problème.* Ce principe, beaucoup plus radical qu'il n'y paraît à première vue, s'incarne de deux manières différentes, à deux niveaux distincts. Au *niveau théorique* d'abord, en questionnant la pertinence de la catégorie de genre pour nos sociétés du Sud (a) ; au *niveau pratique*, ensuite, en repensant à nouveaux frais l'engagement féminin et féministe à la faveur de l'épisode révolutionnaire tunisien (b).

a) Par « niveau théorique », nous entendons la nécessité de penser au-delà du genre en tant que catégorie coloniale, m'inscrivant de ce fait dans le sillage la théoricienne féministe Maria Lugones à l'origine du concept de « colonialité du genre »[1]. Revenant à la réalité des

---

1. En cela, Maria Lugones critique et prolonge, tout à la fois, le concept de « colonialité du pouvoir » développé par le sociologue péruvien Anibal Quijano.

faits historiques, Lugones montre que le fondement du patriarcat contre lequel les féministes se sont toujours insurgées, à savoir l'assignation sexuelle de rôles sociaux au profit des hommes, est lui-même une *création* de la modernité – une modernité dont elles se réclament par ailleurs, ironie du sort, pour étayer leur positionnement critique.

Lugones s'appuie notamment sur le travail pionner de l'anthropologue afro-américaine Oyèrónkẹ́ Oyěwùmí, *The Invention of Women*[1], pour laquelle la responsabilité de l'exclusion des femmes de la sphère publique revient à la seule colonisation et à son imposition de la structure et du système étatiques. Il ne s'agit pas, pour Oyěwùmí, de célébrer une domination féminine en substituant le matriarcat, *au sens où la modernité occidentale l'a construit*, au patriarcat, donnant ainsi à voir peu ou prou une autre image d'Epinal selon laquelle ce sont des femmes castratrices qui détiennent le pouvoir dans ce type de sociétés tribales. Il est bien plutôt question de montrer qu'il n'y avait, antérieurement à l'institution coloniale, « aucun système fondé sur le genre »[2] et que le matriarcat repose fondamentalement sur l'*égalité*. Mais en en faisant des êtres sexués, en les constituant comme « femmes aux poitrines débordantes de lait »[3], en les déshumanisant, la colonisation, explique Oyevùmi, les a de *facto* cantonnées à des rôles subalternes[4].

---

1. O. Oyěwùmí, *The Invention of Women. Making African sense of Western discourses*, Minneapolis, Minnesota University Press, 1997, a été suivi par un certain nombre de travaux qui s'inscrivent, peu ou prou, dans ce sillage déconstructionniste. Citons à titre d'exemple, Carolyn Dean, « Andean androgyny and the making of man », *in* C. Klein (ed.), *Gender in pre-Hispanic America*, Washington, D.C., Dumbarton Oaks, 2001 ; S. Marcos, *Taken from the lips : Gender and Eros in Mesoamerican religions*, Leiden-Boston, Brill, 2006.

2. M. Lugones, « The Coloniality of Gender », *Words and Knowledge Otherwise*, printemps 2008, p. 8.

3. Selon l'expression de la juriste Julie Greenberg, voir « Definitional Dilemmas : Male or Female ? Black or White ? The Law's Failure to Recognize Intersexuals and Multiracials », *in* T. Lester (ed.), *Gender Nonconformity, Race, and Sexuality. Charting the Connections*, Madison, University of Wisconsin Press, 2002.

4. Sur l'idée d'une déshumanisation des colonisés par les colonisateurs, voir Lugones, « Toward a Decolonial Feminism », *Hypatia*, vol. 25, n° 4, hiver 2010,

En s'appuyant sur ces analyses d'anthropologie politique, Maria Lugones s'attache à élaborer un féminisme authentiquement « décolonial ». Elle donne à voir d'abord que pour une majorité de chercheurs en sciences humaines travaillant sur le système colonial, la distinction entre sexe et genre n'existe pas. Plus exactement, ils font du « sexe le fondement du genre » en pensant le second à l'aune du premier, quand ils ne font, pour certains d'entre eux, l'amalgame entre les deux[1]. Ceci, en fin de compte, revient au même : l'entreprise de déshumanisation en règle des femmes (mais aussi les hommes) indigènes suppose fondamentalement de sortir de toute problématique genrée : la colonisation ne cherchant pas à libérer effectivement les autochtones, il n'y a donc aucune raison de poser le problème en termes de rapports de force et de domination en ce sens particulier. Car le genre est instrumentalisé par ailleurs – Lugones rejoint ici Spivak – pour blanchir et légitimer un intérêt apparent pour la condition de ces pauvres femmes de couleur asservies, non à l'institution coloniale, mais à des mâles de leur race qui les exploitent physiquement et sexuellement.

Dès lors, « décoloniser le genre », c'est le sortir de cette double compromission historico-théorique en tentant de réhabiliter une vérité strictement factuelle que nous pourrions reconstruire comme suit : parce que les sociétés dites primitives reposent sur l'égalité, parce que nous avons sur quoi nous fonder objectivement pour rejeter la fable coloniale, décoloniser le genre c'est résister aux essentialisations ethnico-raciales forgées par la colonisation et qui perdurent sous la forme d'une *double* colonialité du genre (savoir la reproduction des structures, de l'organisation et de l'esprit colonial dans les États post-coloniaux) à *deux* entrées inversées. Comme nous l'expliquions ailleurs, « à l'image de la femme indigène de carte postale inféodée et recluse dans la sphère privée répond l'image du mâle autochtone

---

notamment p. 744-748. Pour une étude en règle sur le concept, voir N. Maldonado Torres, *Against War. Views of the Underside of Modernity*, Durham, N.C., Duke University Press, 2008.

1. M. Lugones, « Toward a Decolonial Feminism », *op. cit.*, p. 744.

bestial et machiste » [1]. Mais la même Fat(i)ma ou Fernanda est par ailleurs conçue, rappelons-le, comme une femelle aux mamelles débordantes de lait, une virago ; à cette seconde image d'Epinal correspond celle du mâle harcelé, « sous la menace continue du viol ». « "Entre hypersexualité et passivité sexuelle", l'homme et la femme autochtones sont ainsi deux fois victimes de la colonialité du genre » [2].

C'est précisément pour cette raison que le féminisme dont nous avons besoin est un féminisme décolonial qui pense la résistance contre les différentes formes d'oppression d'un point de vue non pas exclusivement féminin, non pas foncièrement genré, mais authentiquement intersubjectif.

b) Par niveau pratique, nous entendons l'exigence de penser la contestation tout à la fois au-delà des paradigmes classiques et des grilles élaborées pour en amender les insuffisances « démocratiques ». Ces dernières, se présentant comme radicales dans leur critique des prismes traditionnels et souvent jugées comme telles, finissent pourtant par retomber dans les travers qu'elles dénoncent. C'est notamment le cas de la théorie de la liberté comme non-domination de Philip Pettit.

On trouve en effet chez le philosophe irlandais une tendance avérée à penser la participation (la contestation) comme un phénomène dont les manifestations sont nécessairement spécifiques – corporatistes, ethniques, genrées ou sexuées, c'est selon. Il est ainsi révélateur de constater que (même) le néo-républicanisme de Pettit fonctionne de cette manière en raison, précisément, de l'affirmation du caractère *communautaire* de la liberté comme non-domination. De fait, si « un individu est dominé, c'est-à-dire s'il est exposé à l'interférence arbitraire d'autrui, *c'est toujours en vertu du fait qu'il appartient à un certain genre ou à une certaine classe* ; les individus sont vulnérables *en tant qu'ils sont noirs, ou en tant qu'ils sont de sexe féminin, ou qu'ils sont âgés ou pauvres*, etc. » [3]. C'est précisément en éveillant

---

1. Voir *supra*, chapitre ɪɪ, p. 39-56.

2. M. Lugones, « The Coloniality of Gender », *op. cit.*

3. P. Pettit, *Républicanisme. Une théorie de la liberté et du gouvernement*, trad. P. Savidan, J.-F. Spitz, Paris, Gallimard, 2003, p. 189-90 (nos italiques).

cette « conscience de classe » latente chez les individus que l'on parviendra, d'après le philosophe, « à améliorer leur situation du point de vue de la liberté comme non-domination »[1].

Si l'analyse de Pettit est difficilement critiquable sur le principe, elle pèche en revanche par la propension à réifier les identités collectives ; réfléchir en termes de « classe » fussent-elles des classes de « vulnérabilité » ne me paraît pas représenter la solution radicale à la résorption de la domination, et pas seulement en raison de la pertinence qu'il y a à appréhender les choses à travers le prisme de l'intersectionnalité. En ce sens, ce n'est pas tant la conscience de classe, ni même la croyance en la nécessité qu'il y a à penser au carrefour des spécificités, des appartenances et des loyautés qui peuvent nous aider à cerner les ressorts de la domination, mais bien une prise en charge du problème en termes de *subalternité*. Il paraît extrêmement difficile d'appréhender sérieusement la domination sans comprendre qu'il faille faire un sort à l'opposition entre peuple et élite ou entre peuple et société civile. Cette opposition, nous y insistons encore, est une opposition foncièrement *générique*.

Loin de nous l'idée de proposer une quelconque utopie socialiste sonnant le glas de la lutte des classes mais de repenser le politique au plus juste dans des sociétés profondément stratifiées où il paraît difficile d'instituer, pour reprendre la problématique fraserienne, une « parité totale de participation ». Ce projet nous paraît être illustré de manière tout à fait intéressante par les travaux de Partha Chatterjee, notamment *via* l'idée de « société politique »[2].

Selon Chatterjee, dans les sociétés profondément stratifiées du Sud où il paraît relativement malaisé d'instituer une « parité totale de participation », la verticalité initiale entre élites (société civile) et subalternes doit ainsi être désamorcée au profit d'une société *politique* au sens fort du terme, où les différentes parties tentent d'exister sur un pied d'égalité en acceptant le principe d'un activisme « à la marge ».

---

1. *Ibid.*
2. P. Chatterjee, *Politique des gouvernés. Réflexions sur la politique populaire dans la majeure partie du monde*, trad. Ch. Jacquet, Paris, Amsterdam, 2009.

« A la marge » signifie, tout à la fois, en marge des structures et à la limite de la légalité. Dans cet activisme doublement « marginal », les forces en présence entrent dans des négociations où chacun a sinon quelque chose à gagner, du moins des positions, des acquis, du pouvoir à préserver. La verticalité initiale entre élites (société civile) et subalternes est ainsi désamorcée au profit d'une société *politique* où les différentes parties tentent d'exister sur un pied d'égalité. Comme l'explique Chatterjee, cette dernière « fait entrer dans les couloirs du pouvoir une part de la violence et de la laideur de la vie populaire », ce qu'une gouvernance par définition aseptisée ne saurait faire, préoccupée de consensus et, de ce fait même, insensible aux « intérêts localement marginalisés ».

Chatterjee donne un certain nombre d'exemples puisés dans la société indienne, des exemples de groupes qui essaient de se faire entendre en jouant sur le para-légal : il en va ainside ces paysans originaires du sud du Bengale, venus vivre à Calcutta tout au long de la ligne de chemin de fer, après la grande famine de 1943 et qui, depuis, n'ont cessé par flux entiers d'investir la ville. Ces squatters, rapidement qualifiés de « colonie » par l'État, se sont toujours installés, de manière illégale, sur des propriétés publiques mais avec le consentement tacite des autorités nationales. Cette colonie, qui pouvait se prévaloir du soutien de la force d'opposition politique la plus puissante de l'époque, le Parti Communiste, avait (et a toujours) ses leaders, chargés de négocier avec les agences gouvernementales, la police, les responsables locaux. Elle perdure jusqu'à aujourd'hui, en partie dans l'illégalité la plus totale, mais au moyen d'arrangements où chacun trouve son compte : d'un côté, l'État qui, dans la mesure où il est incapable de trouver une solution de relogement pour ces populations, veut éviter d'être mis face à ses responsabilités et évite de ce fait les provocations inutiles ; de l'autre, les collectivités locales, qui, elles aussi, souhaitent préserver la paix sociale entre les habitants, et qui donc acceptent non seulement que cette colonie s'organise en association (et donc, d'une certaine manière se structure légalement pour devenir un vis-à-vis légitime) mais en deviennent aussi les premiers militants. C'est ainsi que les officiers de police, les responsables de partis politiques et les autorités municipales locales joignent leurs efforts aux responsables associatifs pour obtenir l'ouverture d'une unité de soin pédiatriques au sein même de la colonie. De même, la compagnie d'électricité, devant, tout à la fois, le manque à gagner dû au « vol permanent d'électricité » et l'impossibilité juridique de « reconnaître les squatters illégaux comme des consommateurs individuels » décide de négocier avec l'association qui, en tant que telle, finit par obtenir des « arrangements locatifs collectifs ».

Ces exemples de sociétés politiques actives, où se croisent les intérêts des élites et ceux du peuple (intérêts auxquels aussi bien le juridisme et le légalisme rigides que le respect des institutions millénaires ne peuvent rendre justice) et où seul un bricolage expérimental parallèle peut espérer désamorcer des situations potentiellement dangereuses, est celui sur la base duquel nous devons penser la démocratie locale en Tunisie aujourd'hui. C'est d'une société authentiquement *politique* dont nous avons besoin ; d'autant plus besoin que les Tunisiens ont manifesté, dans tous les sens du terme et plus d'une fois, leur volonté de réhabiliter des valeurs récusées par un certain libéralisme procédural, rawlsien notamment, telles le marchandage ou le compromis (*modus vivendi* dans la terminologie rawlsienne). Dès lors, et contrairement à ce qu'avance une certaine orthodoxie en matière de sociologie des mouvements sociaux, il est impératif, pour tenter de saisir ce qui est en jeu ici, de sortir de l'alternative classique consistant à croire que les individus qui contestent se divisent en deux, d'un côté les tenants du *Not In My Backyard* ou porteurs de revendications extrêmement intéressées, comme le refus du passage d'une autoroute près de chez eux, et de l'autre les sympathisants de causes plus universelles, moins autocentrées. Car le fait même d'envisager les choses à travers le prisme de la société politique *exige* d'en finir avec l'idée totalement moralisante selon laquelle il y aurait des revendications plus « nobles » que d'autres pour asseoir l'idée que, parce que toute revendication trouve son origine dans la lutte contre un rapport de forces foncièrement déséquilibré, l'expression de la contestation est avant tout une *dénonciation* de cet état de fait, dénonciation où se mêlent et s'entrecroisent les motivations les plus inattendues et les alliances les plus improbables.

L'expérience révolutionnaire tunisienne est, à cet égard, emblématique. Un exemple parmi tant d'autres est celui du rejet de l'institution qui a prévalu durant le mois d'août 2013 à la suite de l'assassinat du député de la Constituante Mohamed Brami. Ainsi, dans certaines agglomérations de Sidi Bouzid, région à l'origine du soulèvement en décembre 2010, des comités de salut locaux ont été crées–soutenus par des partis d'extrême gauche et ont essayé de se substituer aux structures existantes en déclarant ne plus reconnaître les responsables institutionnels actuels et en essayant d'investir leurs locaux. Dans la ville même de Sidi Bouzid, le comité de salut national local a regroupé les principales organisations de la société civile : syndicat ouvrier, organisation patronale, ordre des médecins, barreau des avocats, association des droits de l'homme, etc. Rachid Fetini, lui, est patron d'usine. C'est l'une des figures du comité. Il explique ainsi que « le comité regroupe des pouvoirs antagonistes, des syndicats ouvriers et patronaux, par exemple, qui poursuivent le même objectif : s'unir pour faire tomber ce gouvernement » [1].

Le propos de cet homme d'affaires est loin d'être anodin. Il va en effet clairement dans le sens de la création de cette société politique décrite par Chatterjee, où des intérêts foncièrement divergents apprennent à s'accorder en raison de bénéfices communs par le biais d'actions « en marge de la légalité ». Il ne s'agit pas d'encourager, encore une fois, l'anarchie ou le chaos, raccourci que ne manquent pas de faire les adeptes de l'ordre et du prestige de l'État. Il est question, bien plutôt, d'en finir avec les catégories traditionnelles de la politique qui ont aujourd'hui clairement montré leurs limites, en revenant aux sources mêmes de la démocratie et en donnant la parole à ces « sans part » [2] citadins et ruraux, exclus et dominés, marginalisés et rejetés.

---

1. *La Croix*, 05 / 08 / 2013.
2. L'expression est de Jacques Rancière, voir notamment *La Mésentente : politique et philosophie*, Paris, Galilée, 1995.

*

En ce sens, *l'esprit* qui anime le propos d'un Eric Hazan nous paraît parfaitement résumer ce qui est en jeu ici. Interrogé sur le sens et la nature de l'engagement tels qu'il les perçoit aujourd'hui, l'éditeur et militant prend ses distances avec le mot, qu'il juge galvaudé et explique :

> Les barricades de Mai 68 ont probablement été les dernières à avoir encore un sens ancré dans l'histoire. Je pense qu'il faut trouver autre chose, qui tienne compte du fait que le centre des villes, qui est le lieu des barricades, n'est plus le centre de la lutte [1].

La migration du « centre de la lutte » au Nord comme au Sud a des répercussions certaines sur la manière dont les combats doivent être menés. Les féministes doivent aussi avoir le courage de le comprendre et de tirer les conclusions qui s'imposent à la fois au niveau normatif, discursif et proprement militant. Pareille tâche ne doit pas simplement être menée au niveau local, mais prendre en compte l'internationalisation des mouvements féministes et la manière dont les travers s'exportent et se reproduisent à l'échelle de la planète. C'est ce que va s'attacher à montrer le prochain chapitre en donnant à voir en substance que le maternalisme politique est au local ce que l'*empowerment* est global.

---

1. Entretien accordé à Anatole Istria dans *CQFD* n° 33, avril 2006 sous le titre « Eric Hazan analyse les diktats du discours dominant. La fabrique du baratin » (http://1libertaire.free.fr/LQR15.html).

CHAPITRE V

DES MÉSAVENTURES DE L'*EMPOWERMENT*
LA PAUVRETÉ DURABLE AU FÉMININ

Echec des modèles de développement, délitement en règle de l'illusion du progrès : les années 1980 consacrent un scepticisme généralisé devant la triste réalité du monde. La pauvreté gagne du terrain malgré tous les efforts consentis pour tenter de freiner le mouvement. La tragédie éthiopienne, moment axial s'il en est, mobilise, on s'en souvient tous, artistes, politiques et anonymes et ancre durablement dans les esprits la nécessité d'un changement structurel à opérer pour qu'enfin une action concertée et responsable cède la place à une indifférence à tout le moins coupable.

C'est ainsi que dès le début des années 1990, et dans le cadre des stratégies de développement initiées par la Banque Mondiale, les associations internationales et autres organisations non-gouvernementales, émerge un nouveau concept : l'*empowerment*. Souvent traduit par « habilitation » mais aussi par « autonomisation », « émancipation » voire « puissance d'agir » (notamment chez les Canadiens), il désigne la capacité à s'autogérer, individuellement et collectivement, afin de pouvoir faire entendre sa voix, et donc ses besoins, aux instances nationales [1]. L'*empowerment* ainsi entendu s'incarne dans un processus d'apprentissage suivant lequel des

---

1. Yvan Le Bossé relève à juste titre les difficultés qui entourent la traduction française vocable : « Pour les chercheurs francophones, le problème de la traduction du terme *empowerment* s'ajoute aux difficultés engendrées par la multiplicité des points de vue en présence. Au flou conceptuel initial s'ajoutent les approximations linguistiques qui créent une telle cacophonie que toute progression collective de la connaissance devient particulièrement ardue. Une telle absence de convergence nuit gravement à l'élaboration d'un cadre de référence commun et systématique, « De "l'habilitation" au "pouvoir d'agir" : vers une appréhension plus circonscrite de la notion d'*empowerment* », *Nouvelles pratiques sociales*, vol. 16, n°2, 2003, p. 33. A noter que d'autres choix de traduction existent, comme celui d'« empouvoirisation »

individus mais aussi des communautés acquièrent un « pouvoir de » qui leur donnera les moyens d'un « pouvoir sur », ce dernier étant lui-même la condition d'un « pouvoir avec »[1].

Quoi qu'il en soit, et indépendamment de la difficulté à cerner l'idée et le mot[2], l'*empowerment* suppose qu'il n'y a aucune fatalité au sous-développement, sous toutes ses formes, pour peu que les populations se prennent en main et puissent, naturellement, bénéficier d'un accès réel à l'information, à l'éducation ainsi qu'aux arènes discursives où se prennent les décisions qui les concernent. Responsabiliser ou conscientiser les personnes, puis les amener à participer à leur propre destin pour espérer un jour en être maître, voilà l'objectif éminemment ambitieux que se fixe la stratégie-*empowerment*.

Nous nous proposons d'examiner l'application concrète de ce concept au cas des femmes dont chacun sait qu'elles ont toujours été la cible privilégiée de la précarité et de l'indigence dans les pays du Tiers-monde[3]. Pour qui veut comprendre les stratégies de pouvoir à

(employé par les employés du budget participatif de la région Poitou-Charentes, ainsi que le notent M. -H. Bacqué et C. Biewener, *L'empowerment, une pratique émancipatrice*, Paris, La Découverte, 2013, p. 6.).

1. On trouve cette triade chez S. Batliwala, *Women's Empowerment in South Asia. Concepts and Practices*, Asia South Pacific Bureau of Adult Education (ASPBAE), New Delhi, 1993 mais aussi chez N. Kabeer, *Reversed Realities. Gender Hierarchies in Development Thought*, Londres, Verso, 1994.

2. Une autre façon de contourner cette difficulté est de choisir de donner de l'*empowerment* une définition négative, ainsi que le fait Julian Rappaport, psychologue clinicien et professeur de psychologie : « L'*empowerment* est facile à définir par son absence : manque de pouvoir, réel ou imaginé, intégration du sentiment d'impuissance, aliénation, perte du sentiment de contrôle de sa propre vie. Il est plus difficile de le définir positivement parce qu'il prend différentes formes selon les personnes et les contextes », Julian Rappaport, « Studies in Empowerment : Introduction to the Issue », *in* J. Rappaport, R. Hess (dir.), Studies *in Empowerment. Steps Toward Understanding and Action*, New York, 1984, p. 2.

3. Si plus 70% des pauvres du monde sont des femmes, nul doute, comme l'affirme A. Sen, que leur « rôle d'agent […] [soit] l'une des médiations capitales du changement social », *Un nouveau modèle économique. Développement, justice, liberté*, Paris, Odile Jacob, 2003, p. 269. Nous nous démarquons donc ici, même si nous ne nous interdirons pas d'y revenir à l'occasion, de l'approche *empowerment* telle qu'elle apparaît initialement dans le domaine de la psychologie communautaire (ainsi que promue,

l'œuvre dans les mouvements et, plus largement, les pratiques féministes, l'étude de la notion d'*empowerment* est primordiale, précisément parce qu'elle met en lumière l'ambivalence fondamentale à vouloir aider l'autre tout en maintenant de manière souvent pernicieuse un rapport de force qui lui est défavorable. Eminemment ambitieuse [1], cette approche libératrice et émancipatrice suscite en effet un certain nombre d'interrogations que nous pouvons aisément résumer en une seule : une telle stratégie d'inclusion au développement, comme on la nomme parfois, a-t-elle, depuis ces trente dernières années, réussi là où la démocratie traditionnelle, c'est-à-dire représentative mais aussi la démocratie délibérative, ont échoué ? La réponse à cette interrogation passera par une analyse des points forts de ce concept novateur d'habilitation (I) tel qu'envisagé par les approches *empowerment* qui se fondent sur la théorie du genre social, faisant leur la formule-couperet du *Rapport sur le développement humain* de 1995, selon laquelle « sans une prise en compte du genre, le développement humain est menacé ». Mais si elle représentent un progrès par rapport aux stratégies de développement antérieures axées sur la réalisation du bien-être des femmes indigènes, l'approche « Genre et développement » ne réussit néanmoins pas là où ses concurrentes avaient échoué (II), notamment au regard de sa propension à vouloir penser l'émancipation en promouvant un holisme pourtant en totale contradiction avec le principe même de son fondement idéologique, une volonté avérée de vider l'*empowerment* de toute sa charge politique et, corollairement, d'entretenir voire de développer le statut de femme dominée qu'elle était censée, là encore, combattre. Nous terminerons (III) en esquissant quelque pistes à l'appui d'un *empowerment* bien compris, ce qui exigera de reformuler le problème :

par exemple, Julian Rappaport, à l'origine d'une sytématisation-paradigmatisation de la notion), donnant à voir des professionnels (« aidants ») qui œuvrent à maximiser les potentialités d'« intervenants » (aidés) démunis.

1. Investie d'objectifs cruciaux locaux et globaux – la Déclaration de Pékin de 1995 y voit non seulement le vecteur de l'égalité, du développement, mais aussi de la paix –, la stratégie-*empowerment* se fonde sur un certain nombre institutions conséquentes, voire dédiées (il existe par exemple un Ministère de l'*empowerment* féminin en Indonésie),

parce que la perversion de l'*empowerment* le conduit à n'être, peu ou prou, qu'une manifestation de la « colonialité du pouvoir », les outils à l'aune desquels il importe de le reconsidérer devront tenir compte de cet état de fait.

I

L'un des éléments constitutifs de l'*empowerment* est sans nul doute la notion d'acteur : il s'agit de faire des peuples ou minorités pauvres, non autonomes, « dé-conscientisés » et déresponsabilisés, des acteurs de développement à part entière. L'*empowerment* se propose donc de remédier à une situation initiale caractérisée par un déficit de pouvoir en agissant concrètement pour retrouver une latitude d'action rêvée, souhaitée mais hélas jusque-là jamais obtenue.

La seconde caractéristique de l'*empowerment* est son aspect multidimensionnel : ce pouvoir qu'on aspire à gagner et à préserver intéresse l'ensemble des facettes de l'existence humaine : individuelle d'abord, mais aussi interpersonnelle, sociale et communautaire. La définition de Rappaport, l'un des premiers théoriciens de la notion, est à cet égard tout à fait explicite : l'*empowerment*, écrit-il en substance, est un mécanisme par lequel les individus, les organisations et les communautés acquièrent la maîtrise de leurs propres affaires [1]. On parle à ce titre volontiers d'« *empowerment* individuel » et d'« *empowerment* communautaire ».

Nous aimerions montrer que ces deux composantes fondamentales de *l'empowerment*, à savoir l'actorité et le caractère multidimensionnel, constituent le talon d'Achille du concept. Plus exactement, c'est la volonté de faire du second la condition du premier qui pose problème. Pour ce faire, nous nous intéresserons à une stratégie particulière qui fédère les enthousiasmes aussi bien chez les théoriciens du développement que parmi les instances locales et internationales chargées de promouvoir le changement et d'impulser un progrès

---

1. Voir J. Rappaport, « Terms of empowerment / exemplars of prevention : toward a theory for community psychology », *American Journal of Community Psychology*, 15, 1987, p. 121-148.

raisonné dans les régions les plus pauvres de la planète. Il s'agit de l'approche « Genre et développement, censée rendre justice aux femmes en s'intéressant pour la première fois à leurs besoins *spécifiques*. Fondées sur des intuitions pertinentes, cette approche propose toutefois un certain nombre de solutions biaisées, comme on va le voir. Commençons néanmoins par les apports positifs d'une telle stratégie de développement.

L'approche « Genre et développement » est influencée, comme son nom l'indique au demeurant, par la problématique du genre social initiée par certains courants féministes des années 1980 mais aussi, naturellement, par les *Postcolonial* et autres *Cultural Studies*. Formé à l'origine en réaction à l'approche Women in Development (WID) née au début des années 1970 à la suite des travaux fondateurs de l'économiste danoise Ester Boserup, le courant Gender and Development (GAD) se propose de dépasser le « féminisme libéral »[1] des débuts, foncièrement individualiste et résolument univoque en ce qu'il considère que la simple inclusion des femmes à l'intérieur de projets économiques permettra de résoudre l'ensemble des problèmes auxquelles la subalternité féminine des pays du Sud est confrontée. De fait, selon l'approche « Genre et développement », si l'on veut aider les femmes à devenir maîtresses de leur existence, il faut pouvoir adopter une vision dynamique des rapports sociaux en travaillant à comprendre et à déconstruire les vecteurs de domination à l'œuvre dans ces sociétés patriarcales. Elle conçoit ainsi l'*empowerment* comme un processus à étapes, doté de cinq échelons[2] :

1. Sur le rejet de l'approche WID par un certain nombre de féministes à l'origine de la création de la stratégie GAD, voir C. Moser, « Gender planning in the third world : meeting practical and strategic gender needs », *World Development*, vol ; 17, n°11, 1989. Elle explique notamment que « de beaucoup de points de vue, l'approche d'*empowerment* est née de l'insatisfaction vis-à-vis de la démarche originale de Women In Development comme approche équitable en raison de son double ancrage, ou en tout cas vu comme tel, entre approche contre la pauvreté et *efficacité* », p. 1814 (nos italiques).

2. C'est la féministe zambienne Sara Longwe, consultante sur les questions de genre et de développement, qui est à l'origine de cette classification.

1. *Le bien-être*, d'abord : c'est le niveau le plus bas. Il s'agit simplement de satisfaire un certain nombre de besoins pratiques *i.e.* vitaux. Comme l'affirme Sara Longwe, « les femmes sont les destinataires passives des aides procurées par une approche venant de haut »

2. Vient ensuite l'*accès aux institutions et structures fondamentales*. On favorise la possibilité pour les femmes d'accéder, tout autant que les hommes, aux facteurs de production ainsi qu'aux avantages et aux services auxquels leur donne droit leur statut de citoyennes.

3. Troisième niveau : *la prise de conscience* (*conscientisation*). Il faut que les femmes puissent prendre conscience que leur sexe n'est pas une fatalité et ne les condamne pas à l'asservissement ni ne les cantonne à certaines tâches plutôt qu'à d'autres.

4. Le quatrième échelon est celui de la *participation* (*mobilisation*) : forte de cette conscientisation acquise une fois leurs besoins vitaux satisfaits et l'accès aux diverses institutions et instances favorisé, les femmes peuvent s'impliquer concrètement dans les prises de décision qui les concernent au niveau des projets de développement.

5. Vient enfin l'ultime étape, le *contrôle*. Les femmes sont alors à même de satisfaire leurs besoins stratégiques et pas seulement pratiques, en accédant à des postes de décision.

Cette grille d'analyse, on le voit, rend justice aux multiples aspects de « l'actorité » féminine. Elle conçoit l'*empowerment* comme l'enchaînement d'une série d'acquis dans lequel les priorités sont définies graduellement suivant le niveau de libération et d'émancipation des femmes. Elle allie réalisme et ambition, ce qui *a priori* augure d'une certaine efficience.

En ce qu'elle donne une place conséquente à la participation et au dialogue et considère la pauvreté comme un handicap non exclusivement matériel, mais aussi en prenant en compte les spécificités locales et les revendications indigènes, le courant GAD se démarque radicalement de l'approche WID. Ses orientations trouveront par la suite une certaine confirmation dans les travaux d'Amartya Sen. D'après ce dernier, « la pauvreté doit être appréhendée comme une privation des capacités élémentaires, et non, selon la norme habituelle, comme une simple faiblesse des revenus » [1]. Il ne s'agit pas, naturellement, de nier que le revenu soit un vecteur fondamental du développement des capacités, mais d'affirmer qu'il n'existe aucune corrélation automatique entre revenu et auto-accomplissement individuel en raison d'un nombre de facteurs contingents qui peuvent empêcher la conversion de l'un en l'autre, et contre lesquels l'approche en termes de genre social lutte en posant la conscientisation et la participation civique et politique comme remparts à cette prégnance de l'arbitraire. Sen renoue là avec la position aristotélicienne bien connue selon laquelle « la richesse n'est évidemment pas le bien que nous recherchons, elle est simplement utile à autre chose » [2], récusant toute approche qui imaginerait que l'émancipation des populations passerait simplement par la mise en place de micro-projets générateurs de revenus. Ce n'est pas, affirme Sen en substance, en s'impliquant exclusivement dans ces activités à petite échelle, que les plus pauvres peuvent espérer maîtriser le déroulement de leur existence et en devenir les véritables acteurs, ou les véritables « agents » au sens « noble » du terme [3].

A la question de savoir comment les plus démunis peuvent exprimer leurs besoins le plus adéquatement possible et œuvrer à les satisfaire,

1. A. Sen, *Un nouveau monde économique. Développement, justice, liberté*, Paris, Odile Jacob, 2003, p. 123.

2. Aristote, *Ethique à Nicomaque* I, 1-I, 5c, cité par A. Sen, *Un nouveau monde économique, op. cit.*, p. 28. A. Sen est par ailleurs une référence pour un certain nombre de ses travaux autour des indicateurs de développement, voir notamment A. Sen, S. Anand (1995), « Gender Inequality in Human Development : Theories and Measurement Background Paper for the Human Development Report 1995 », New York, Human Development Report Office. Pour une étude intéressante sur les indicateurs de développement genrés s'inspirant pour partie de la théorie des capabilités de A. Sen, voir V. Bérenger et A. Verdier-Chouchane, « Des inégalites de genre a l'indice de qualité de vie des femmes », African Economic Conference 2007, « Opportunities and Challenges of Development for Africa in the Global Arena », 15-17 November 2007, Addis Ababa, Ethiopia.

3. A. Sen rejoint ici le concept de liberté positive d'Isaiah Berlin : « [Le terme agent] désigne alors une personne qui agit et modifie l'état des choses et dont les résultats doivent être jugés selon les valeurs et les objectifs explicitement formulés par cette personne […] [et non] mesurés à l'aune des objectifs de son « mandant » (A. Sen, *Un nouveau monde économique, op. cit.*, p. 34).

la réponse de Sen ne laisse pas de place à l'ambiguïté : seules les libertés politiques, et donc un contexte démocratique digne de ce nom, sont à même de constituer un tel medium. Dès lors, ceux qui dénoncent la vanité des libertés politiques et des droits civiques quand des problèmes économiques pressants et impérieux sont à l'ordre du jour n'ont pas compris que « la pression des besoins économiques *renforce* – et non affaiblit – la validité et l'urgence des libertés politiques »[1]. Car être acteur à part entière, c'est d'abord avoir une compréhension idoine de ce que sont nos besoins, ce à quoi l'approche par la lutte contre la pauvreté ne fait aucunement un sort, exclusivement préoccupée, selon la belle formule de Sen, d'administrer des « bienfaits » à des « patients » grâce aux processus de développement[2].

II

Demeurent néanmoins quelques difficultés sur lesquelles on ne peut passer outre. De fait et bien que représentant un progrès certain par rapport, tout à la fois, à l'approche en termes de bien-être qui se « contente » d'assurer ponctuellement un minimum décent en termes de nourriture et planning familial sans responsabiliser pratiquement les femmes, mais aussi par rapport aux approches de lutte contre la pauvreté (Women In Development en est un exemple prégnant), l'approche GAD ne peut être exemptée d'un certain nombre de reproches. En effet, si celle-ci met, à juste titre, l'accent sur la participation civique et politique, il n'en reste pas moins que l'anthropologie sociologique sur laquelle elle se fonde se révèle contre-productive : elle remet en cause le bénéfice de la version forte de l'actorité qu'elle défend contre des approches réductrices comme celle de la lutte contre la pauvreté. Cette faiblesse structurelle tend à devenir manifeste lorsqu'on passe de l'*empowerment* proprement individuel à l'*empowerment* communautaire.

Souvenons-nous que l'*empowerment* touche tous les aspects de l'existence. Il est certes individuel, mais aussi communautaire et

1. A. Sen, *Un nouveau monde économique*, *op. cit.*, p. 199.
2. *Ibid.*, p. 377.

social. Certains théoriciens vont même jusqu'à avancer que l'*empowerment* communautaire est la condition même de l'habilitation individuelle alors qu'il est pour le moins acquis, ainsi que l'affirme la psychologue Stéphanie Riger, que « les situations qui promeuvent la communauté peuvent être contraires à celles qui encouragent l'*empowerment* » [1]. Affirmer cela revient à dire qu'il est possible d'isoler un certain nombre d'intérêts ou de besoins – ce que l'approche « Genre et développement » nomme des besoins stratégiques et qui se font jour une fois les besoins vitaux satisfaits – qui seraient communs à l'ensemble des femmes d'une communauté donnée. Le groupe serait alors une totalité homogène qui parlerait d'une seule voix et marcherait d'un même pas vers un *telos* fédérateur.

On voit bien le souci : alors que les féministes adeptes de la théorie du genre social se fondent sur le principe de différence, voire de différenciation, récusant la naturalisation du féminin pour exhiber les rapports sociaux de sexe, cette ligne directrice disparaît totalement lorsqu'il s'agit de penser les problèmes des femmes du Sud. La stratégie *empowerment*, de ce fait, dé-genre radicalement le genre : parce que domination rime exclusivement avec patriarcat millénaire et sous-développement structurel, parce que l'ennemi est un et unique, nul besoin de penser à l'intersection de différences qui n'existent pas [2].

Ironiquement, en effet, tout se passe comme si le holisme devait réapparaître dès qu'il s'agit de « conscientiser » ces indigènes opprimées. A l'évocation de ce paradoxe, la réponse est en général toute trouvée : l'émancipation n'est-elle pas une valeur universelle ?

1. S. Riger, *Transforming Psychology : Gender in Theory and Practice*, New York, Oxford University Press, 2000, p. 104.

2. C'est dans cette même perspective que Lila Abu-Loghod relève la tendance malheureuse à importer un schéma d'intelligibilité prêt à l'emploi et à l'appliquer sur la réalité des populations indigènes, en l'occurrence arabes. Analysant le Rapport des Nations Unies sur le développement humain dans les payas arabes (2005), Lila Abu-Lughod remarque une certaine ignorance à l'œuvre, notamment dans le fait de considérer le « regroupement familial » ou le choix de vivre au sein de la famille élargie comme étant nécessairement un frein à l'autonomisation des individus. Voir L. Abu-Lughod, « Dialects of women's empowerment : The international circuitry of the Arab Human Development Report 2005 », *International Journal of Middle East Studies*, 41, 1, 2009, p. 90-91.

Mais la fin, plus que jamais, ne justifie pas les moyens : on ne saurait décider des besoins des unes et des autres sous prétexte ni d'une fin commune (dont les modalités restent par ailleurs à déterminer), ni d'un dénominateur commun racial, social, ethnique, culturel ou même sexuel. Le risque est grand d'un holisme dommageable pour celles qui ont des points de vue minoritaires au sein du « groupe » ou des « sous-groupes ». De fait, pourquoi une Hindoue devrait-elle avoir les mêmes intérêts stratégiques que toutes les femmes de son ethnie ? Au nom de quoi toutes les mères célibataires de 35 ans devraient-elles se retrouver dans un certain nombre de revendications jugées « plus communes » que d'autres ? Faire ce constat basique d'une divergence d'intérêts devrait nécessairement conduire les organismes internationaux, les bailleurs de fond et autres théoriciens du développement, à reconnaître que les luttes pour un partage inter-sexuel du pouvoir sont remplacées par des différences de points de vue, voire des frictions intra-sexuelles au sein des divers groupes féminins Ainsi, une étude menée dans la région de l'Andhra Pradesh, en Inde, au cours de l'année 2005, par le Centre de Recherches pour le Développement International montre que pour certaines femmes,

> le simple fait d'assister à une réunion convoquée pour les femmes ou de regarder un visiteur dans les yeux représentait un accomplissement important. D'autres, par contre, se sentaient plus prêtes à exercer un rôle de leadership au sein de leur collectivité [1].

Mais cette étude est malheureusement indifférente aux conséquences de la réalité qu'elle décrit, demeurant tributaire d'une vision idyllique de l'*empowerment* communautaire féminin, elle-même sous-tendue par le cliché sexiste selon lequel les femmes préféreraient, toutes choses égales par ailleurs, un processus délibératif « qui conduise au consensus », des « décisions concertées prises en groupe » [2].

---

1. *Genre et Développement. En bref*, n° 19, octobre 2007, p. 4.
2. *Ibid.* Voir également, dans la meme perspective, J. Rosener, « Ways women lead », *Harvard Business Review*, 1990, 68, 119-125. Rosener montre ainsi que les femmes sont moins enclines à user de leur pouvoir que les homes et qu'elles cherchent le bien du groupe, quitte à subordonner leur intérêt personnel à l'intérêt général.

Pour le dire plus simplement, les femmes auraient laissé le conflit aux hommes, et auraient naturellement opté pour l'accord, l'harmonie et l'entente. Des travaux relativement récents existent pourtant, qui mettent à mal ce postulat qui ne peut que biaiser tout jugement sur la nature de l'*empowerment* communautaire. Ces analyses montrent non seulement que les tensions existent dans les groupes féminins, mais également qu'à terme ces achoppements minent la cohésion du groupe jusqu'à l'inhibition, l'empêchant de prendre ainsi une quelconque initiative constructive[1].

Comme on a pu y faire allusion ailleurs[2], en important la catégorie de « femme », en sexuant le genre là où les structures sociales ne s'y prêtent pas ; en acquérant, par la suite, plus ou moins explicitement l'aval des activistes locales qui valident sans autre forme de procès un schéma colonial et impérialiste, l'on finit par se retrouver exactement au point de départ. Sorti par la porte des études postcoloniales en genre à la faveur du prisme de l'intersectionnalité sur lequel elles se fondent, le holisme réducteur rentre par la fenêtre de l'*empowerment* communautaire. L'image qu'il dessine est celle d'une femme unique, pénétrée de valeurs « libérales », à la recherche du consensus et d'accord, le tout sur fond d'efficacité néo-libérale, parfaitement incarnée par les propos de Robert Zoellick, président de la Banque Mondiale :

> L'*empowerment* des femmes est de l'*économie intelligente* [...] Les études montrent qu'en fait *l'investissement dans les femmes* produit des retours à la fois sociaux et économiques[3].

Le « retour » que l'on peut effectivement constater est bien plutôt d'ordre symbolique. Travaillées individuellement par une volonté d'émancipation relativement contre-productive en ce qu'elle s'enracine dans des valeurs typiquement machistes, telles que la maîtrise et le

1. Voir J. M. Bartunek, K. Walsh, C.A. Lacey, « Dynamics and Dilemmas : Women Leading Women », *Organization Science*, vol. 11, n° 6, nov-dec 2000, p. 608.

2. Voir, dans le présent ouvrage, « Le féminisme à l'épreuve de la révolution tunisienne... ».

3. « Opening statement at the joint conference between the World Bank and the Arab International Women's Forum », 2008. Nous soulignons.

contrôle de soi, les femmes indigènes se retrouvent à reproduire le schéma patriarcal que la colonisation leur avait imposé et que la globalisation leur vend sous une autre forme, plus pernicieuse encore[1].

Cette minorisation des femmes indigènes est loin d'être anodine. Elle traduit en effet une volonté de *dépolitiser* la stratégie-*empowerment*, en pensant le développement quasiment sur le mode de la folklorisation. La sociologue américaine Nina Eliasoph perçoit de manière très fine une tendance étonnamment similaire à l'œuvre aux États-Unis, s'agissant des mouvements associatifs de toutes sortes, destinés à impliquer les populations défavorisées et marginalisées en général et les plus jeunes d'entre elles en particulier dans la vie communautaire[2]. Cette jeunesse fondamentalement non « habilitée » se retrouve ainsi tout aussi bien à animer des soirées pour enfants malades dans les hôpitaux qu'à nettoyer les autoroutes.

Eliasoph remarque que le « langage de l'*empowerment* » censé accompagner ce processus d'émancipation se révèle au mieux décalé, au pire, totalement contre-productif dans la mesure où tout est fait pour masquer les inégalités et taire ce qui fâche en termes de rapports de force. La simple évocation des « jeunes défavorisés » dans un discours destiné pourtant à leur rendre hommage crée un malaise tel chez ces adolescents et jeunes adultes marginalisés que les instances

1. Comme le souligne très justement Stéphanie Riger, les stratégies *empowerment* promeuvent « le contrôle plutôt que la communion » alors qu'il devrait être question de « lien », la « connexion » et d'« interdépendance », « What's Wrong with Empowerment? », *American Journal of Communuty Psychology*, vol. 21, n° 3, 1993, p. 285. A noter ici l'influence des travaux de Gilligan, au demeurant citée par Riger, même si elle affirme explicitement s'en démarquer au regard de la thèse principale de l'éthicienne du care, savoir la séparation essentielle entre des valeurs typiquement féminines et valeurs exclusivement masculines : « bien que je sois en désaccord avec l'affirmation de Gilligan selon laquelle ces deux modes [séparation / maîtrise indivuelle d'un côté, lien / interdépendance, de l'autre] doivent être pensées de manière genrée, je la rejoins néanmoins dans l'idée que la psychologie considère l'autonomie et la séparation comme étant les valeurs suprêmes, surpassant le lien » et « l'interdépendance », p. 285.

2. N. Eliasoph, *L'évitement du politique. Comment les Américains produisent l'apathie dans la vie quotidienne.* [*Avoiding Politics. How American produce apathy in everyday life*, Cambridge University Press, 1998] traduit de l'anglais par C. Hamidi, Paris, Economica, 2010.

en charge de ces projets d'encapacitation se retrouvent à manier une langue de bois faite d'un mélange de politiquement correct et de démagogie.

Celle-ci atteint son paroxysme lorsque le terme *fun* est convoqué, devenant le passage obligé de toute verbalisation et le ressort fondamental de chaque action engagée. En vidant la stratégie-*empowerment* de toute idée d'obligation ou de contrainte, en la pensant sur le mode du divertissement, en désamorçant d'emblée toute velléité d'échanger sur le principe même de ce genre de mouvement à portée émancipatoire, c'est le politique même qu'on évacue sans autre forme de procès. L'autonomisation de la sphère civique ainsi réalisée contribue à produire des citoyens dociles et obéissants, ce qui est, comme de juste, totalement à contre-courant des objectifs initiaux et fondateurs de ces programmes ou de ces « expériences » d'*empowerment* :

> Certains enseignements tirés de ces expériences permettent de créer des citoyens qui accepteront placidement que les gouvernements contemporains financent des projets à toujours plus court-terme ; qui ne paniqueront pas face à un chômage de courte durée dans un marché du travail instable ; qui resteront calmes face à des mariages éphémères ; des citoyens qui ne s'attacheront passionnément à personne et à aucune idée : des citoyens qui changeront leurs âmes plutôt que leur conditions. Ces leçons sont les conséquences involontaires de la participation, pas celles que les projets d'*empowerment* voulaient enseigner[1].

Cette conclusion s'applique parfaitement à la réalité de l'*empowerment* féminin dans les pays du Sud. La folklorisation (au sens propre et figuré du terme) dont nous parlions précédemment est une autre modalité de la dépolitisation au même titre que le *fun* stigmatisé par Eliasoph. Les programmes de développement des différentes ONG sont ainsi l'occasion d'une dépolitisation systématique de toute velléité de penser l'engagement des unes et des autres sur le mode de la conscientisation politique et ce même lorsque les projets initiés se présentent explicitement comme tels.

---

1. N. Eliasoph, *L'évitement du politique*, *op. cit.*, p. XVIII.

C'est ainsi que l'antenne tunisienne du PNUD (et un certain nombre de ses alliés locaux et régionaux), oscille entre la valorisation des projets d'artisanat local et la formation de l'élite politique du pays. Entre le soutien à Najet, jeune diplômée en design qui « rêv[e] de faire revivre l'antique tradition du tissage des tapis dans sa ville natale, Gafsa, dans le sud-ouest de la Tunisie »[1], les journées d'études consacrées au « partage d'expériences et des connaissances générées par l'action d'habilitation économique des femmes collectrices de palourdes et des pêcheurs artisanaux de Sidi Makhlouf »[2], « l'amélioration de la situation économique et sociale, des capacités et des compétences de la femme rurale d'El Modh'har par le biais de sa formation en couture, stylisme et peinture sur divers supports (soie, bois, verre, etc.) »[3], et la formation politique de femmes à qui l'on enseigne les rudiments de la « profession »[4], le principe de base ne change pas.

Il s'agit en effet de mettre en avant une certaine image d'Epinal, celle de la femme des régions défavorisées, exclusivement rurales, travaillant dans les métiers de l'artisanat et préoccupées de faire revivre des traditions ancestrales (de ce point de vue, les jeunes femmes des banlieues paupérisées du Grand Tunis ne semblent pas devoir mériter un quelconque intérêt). Les femmes politiques que l'on coache n'échappent pas à ce schéma muséal : c'est la caricature de la femme leader que l'on cherche ici à promouvoir non pas simplement en la formant mais en la *formatant*. Comme chacun sait, la politique n'est pas simplement un savoir-faire, une *technè*, mais aussi une culture et des orientations idéologiques. Autant de critères substantiels, authentiquement « compréhensifs », qui président au

1. Voir le site internet du PNUD-Tunisie pour l'évocation de la *success story* de Najet : (http://www.undp.org/content/undp/fr/home/ourwork/capacitybuilding/successstories/construire-le-futur-des-jeunes-en-tunisie.html).

2. Voir, toujours sur le site du PNUD Tunisie, l'article consacré à l'atelier « Croisons nos savoirs pour le développement », (http://www.tn.undp.org/content/tunisia/fr/home/presscenter/pressreleases/2013/12/05/atelier-de-partage-d-exp-riences-intitul-croisons-nos-savoirs-pour-le-d-veloppement-/)

3. (http://www.tn.undp.org/content/tunisia/fr/home/ourwork/overview.html)

4. Sur ce dernier point, voir, dans le présent volume, « Le féminisme à l'épreuve... ».

choix des candidates au leadership politique. Il est ainsi révélateur de constater que le PNUD ne met en vitrine médiatique, sur son site, que des féministes laïques, comme l'avocate militante Bochra Bel Hadj Hmida, tête de liste du Forum pour le Travail et les Libertés [1], parti de centre gauche, ou Azza Badra, membre des Parti des Verts tunisiens et Thouraya Sithom, membre du Réseau Dostourna, un mouvement réunissant un certain nombre (mais pas exclusivement) de juristes à l'origine d'un projet de constitution résolument progressiste. C'est aussi cette réalité, il faut le reconnaître, qui transparaît derrière cette volonté toute bienveillante de venir en aide à une population féminine ignorante des rouages de la machine démocratique.

III

Pour autant, de tels constats ne doivent inviter ni au pessimisme, ni à l'inaction. Les stratégies d'*empowerment* féminin dans les pays du Sud doivent renouer avec leur principe fondateur : émanciper les femmes de toute forme de tutelle, et donc à terme, comme l'affirme Srilatha Batliwa, « transformer la société ». Pour ce faire, explique-t-elle, « l'*empowerment* des femmes doit revenir une force *politique*, c'est-à-dire un mouvement de masse mobilisé qui conteste et transforme les structures de pouvoir existantes » [2].

Pour parvenir à cela, il est besoin d'entamer, comme nous y faisions très rapidement allusion [3], une cure de désapprentissage en règle. Or si les activistes femmes perçoivent bien, comme de juste, la nécessité qu'il y a à s'émanciper et se prendre totalement en charge et l'expriment de manière parfois très violente, rares sont celles qui se donnent les moyens de leur ambition. Ainsi Ela Bhatt, militante

---

1. Parti qu'elle quittera quelque temps plus tard en raison de divergences idéologiques (le FPTL fera très rapidement le mouvement islamiste Ennahdha et le Congrès Pour la République, parti du Président de la République provisoire Moncef Marzouki) pour rejoindre le Parti Nida Tounes, futur vainqueur des législatives et présidentielles de 2014.

2. Cité par M.-H. Bacqué et C. Biewener, *L'empowerment, une pratique émancipatrice, op. cit.*, p. 53.

3. Voir *supra*, chapitre III, p. 79-80.

féministe (bien que récusant cette qualification) [1] hindoue, tout à fait digne de respect pour son engagement associatif auprès des femmes démunies, résume ainsi le principe et l'objectif de son action : « Nous ne voulons pas seulement une part du gâteau, nous voulons également en choisir les ingrédients et savoir comment le faire par nous-mêmes ». Mais avoir son mot à dire sur la composition du gâteau, tout comme prétendre à un quelconque talent pâtissier, a un prix. Il exige fondamentalement de sortir de la colonialité du discours ambiant sur le genre, une colonialité qui se décline sur trois niveaux :

1. Il importe tout d'abord de se défaire définitivement de ce que la féministe soviétique Obioma Nnaemeka appelle la « politique de la pauvreté » ou la « politique du ventre », par laquelle elle entend la dépendance des femmes de son pays aux des différentes ONG dont l'assistance est ou, à tout le moins, leur apparaît comme le vecteur unique et durable d'une existence digne. Il ne s'agit pas de jeter la pierre aux femmes démunies, sans travail, qui survivent plutôt qu'elles ne vivent, à l'image, par exemple de la jeune Najet citée plus haut. Tlostanova et Mignolo résument parfaitement cette situation, expliquant que « nous ne devons pas les [ces femmes sans ressources] blâmer pour leur "choix". Cela prouve uniquement, encore une fois, la vitalité des notions et des catégories académiques, modèles, paradigmes, formes de pensée et subjectivité académiques occidentales essentialistes et universalistes » [2].

---

1. « Je crois que l'*empowerment* est une chose et le féminisme une autre », (http://fdi.sasociety.in/cms/index.php/fdi/article/421_Empowering_Women_-_I). Dès 1972, Ela Bhatt, juriste, crée la SEWA (Self-Employed Women Association). Le mouvement, défini comme une « organisation de femmes pauvres travaillant pour leur compte » se donne pour mission de protéger les femmes qui travaillent dans le secteur informel et qui, bien que représentant une « force productive nationale » plus qu'importante (94% de la population active féminine), vivent dans la plus grande des précarités : pas de revenu régulier, aucune protection sociale (http://www.sewa.org/). Aujourd'hui, l'organisation s'est structurée en dix-huit fédérations, quatre-vingt quatre coopératives, cent quatre-vingt-un groupes de producteurs ruraux et six organisations de fournisseurs de services sociaux ; pour de plus amples détails, voir M.-H. Bacqué et C. Biewener, *L'empowerment, une pratique émancipatrice, op. cit.*, p. 70-72.

2. M. Tlostanova, W. Mignolo, *Learning to Unlearn. Decolonial Reflection from Eurasia and the Americas*, Columbus, The Ohio State University Press, 2012.

La responsabilité de cet état de fait incombe bien plutôt aux relais locaux qui contribuent largement à reproduire et donc à légitimer ce schéma de domination. Ces femmes, membres de l'élite intellectuelle et économique locales, déclinent à leur manière cette « politique du ventre ». Très souvent en quête de reconnaissance, elles ne perçoivent pas (ou feignent d'ignorer, c'est selon) le caractère problématique du rôle qu'elles se retrouvent à jouer, celui de « miroir du féminisme occidental ». Ce « rôle », analyse Tlostanova, « est associé à un certain nombre d'avantages, non exclusivement matériels, mais aussi symboliques » dont elles ne peuvent jouir qu'en échange d'une contrepartie de taille : « traduire mot pour mot les idées du féminisme occidental ». Une fois les termes du contrat acceptés,

> Ces femmes se voient immédiatement offrir la chance de voyager à travers le monde, d'intervenir dans des congrès internationaux et d'agir en tant que représentantes légitimes de leur culture et des mouvements de femmes dans les sphères académique et politique. Ce problème, en réalité, est un problème de choix éthique, un choix beaucoup plus difficile pour les féministes non occidentales que pour les occidentales en raison d'une asymétrie épistémique et économique structurelle [1].

Tostlanova donne à ce titre l'exemple d'une activiste féministe kazakh, Svetlana Shakirova, ancienne directrice du *Gender Center* d'Almaty (Kazakhstan) et directrice actuelle du *Central Asian Gender Net*. Bien établie au sein de l'État, du système ONG et de la communauté académique féministe [2], cette militante, explique Tostlanova, est emblématique de ces féministes indigènes qui érigent l'ambivalence en règle, pratiquant « le double discours typiquement colonial (l'un pour l'ancienne métropole et l'autre pour la communauté d'Asie centrale) et les silences, symptomatiques de l'ensemble de *Gender Studies* de la région » [3].

---

1. *Ibid.*, p. 138.
2. Communauté académique dont M. Tostlanova note fort justement qu'elle a « réussi à reconstruire une hiérarchie néo-impériale / coloniale dans l'espace post-soviétique », M. Tlostanova, W. Mignolo, *Learning to Unlearn, op. cit.*, p. 136.
3. M. Tlostanova, W. Mignolo, *Learning to Unlearn, op. cit.*

A travers l'exemple de cette militante, dont il ne s'agit aucunement de mettre en doute la sincérité de l'engagement, se donne à voir tout l'arrière-plan tout à la fois peu glorieux et extrêmement complexe qui sous-tend la problématique *empowerment*. Les schémas de domination fonctionnent ainsi à plusieurs niveaux social, économique et académique ; autant de dimensions qui se croisent, s'interpénètrent et se nourrissent mutuellement, rendant très ardue l'émancipation des unes et des autres. Comme le propos de Tlastonova le montre clairement, le problème est aussi un problème en amont. Parce que celles qui doivent conduire le mouvement d'émancipation sont elles-mêmes inféodées et trouve leur intérêt dans cette situation, l'éventualité d'un discours qui donnerait à voir la colonialité du genre à l'œuvre dans ces stratégies *empowerment* est par principe mort-né. C'est bien plutôt « l'ignorance des paradigmes non occidentaux » à l'origine de ce type de discours alternatif et subversif qui est encouragée et récompensée [1].

2. A cette difficulté quasi structurelle, vient s'ajouter la promotion d'une rhétorique sournoise dans laquelle « avoir l'opportunité d'agir plus librement dans certains domaines » (*power to*) se trouve purement et simplement assimilé à un *empowerment* effectif (*power over*) entendu, lui, comme « capacité réelle à décider ». Or comme le montraient déjà Hollander et Offerman, la différence entre les deux n'a rien d'anodin. Il n'y aucune nécessité à ce que l'activation du sentiment d'estime de soi à travers le partage d'un pseudo pouvoir (celui qu'on aura bien voulu donner), c'est-à-dire la conscience toute relative d'agir *plus* librement qu'auparavant, implique la capacité de décider effectivement, c'est-à-dire d'évacuer « toute forme de domination, implicite ou explicite » [2].

---

1. M. Tlostanova, W. Mignolo, *Learning to Unlearn*, *op. cit.*
2. E.P. Hollander, L.R. Offerman, « Power and leadership in organizations : Relationships in transition », *American Psychologist*, 45, 1990, p. 179. A ma connaissance, il s'agit là de la toute première classification qui associe l'idée d'*empowerment* à celle de pouvoir. Hollander et Offerman ajoutent une troisième dimension, le *power from*, qui est l'ultime étape du processus d'*empowerment*, et qui se caractérise par la « capacité à résister au pouvoir des autres en s'opposant effectivement aux exigences qu'ils manifestent et dont on ne veut pas », *ibid.* D'autres classifications de l'*empowerment*

Entretenir savamment le flou entre deux sens tout à fait distincts permet aux tenants de l'*empowerment* de promouvoir efficacement l'idée selon laquelle l'habilitation personnelle doit être simplement pensée sur un mode sportif : l'essentiel est de participer, tel est le message à faire passer, comme si cela devait « introduire des changements dans le contexte ou la distribution des ressources »[1]. Comme si, finalement, l'*empowerment* pouvait n'être qu'une déclinaison d'un *fair play* à la Coubertin. En intégrant ce type de discours, les femmes indigènes participent d'autant plus à la pérennisation des structures qui les oppriment qu'elles en créent de nouvelles qui se superposent à celles qui existaient déjà et, d'une certaine manière, les renforcent.

Il est au demeurant extrêmement révélateur de constater que ce type de participation totalement dépolitisée est le maximum de ce dont peuvent se prévaloir les différentes stratégies-*empowerment* engagées dès la fin des années 1990. Il suffit de jeter un coup d'œil aux manifestes et autres programmes initiés par l'ONU et la Banque mondiale pour se rendre compte que la participation, même « folklorique », disparaît quasiment des résolutions adoptées. Le *power to* est ainsi définitivement assumé, tout en donnant, naturellement, l'apparence du contraire.

S'agissant des « Objectifs du millénaire pour le développement », et relativement à la situation des femmes, il est simplement question de « promouvoir l'égalité des sexes et l'autonomisation des femmes »[2]. S'il est question, au détour d'une résolution, de renforcer la participation des femmes, c'est de celle des professionnelles de la politique dont il s'agit exclusivement ici : ministres, parlementaires, chef de

---

en termes de pouvoir suivront, notamment celle de Batliwala qui donne à voir un processus en trois dimensions : la promotion, au niveau individuel, d'un « pouvoir intérieur » qui se transforme progressivement en « un pouvoir de » par l'implication au sein de mouvements de femmes pour devenir un « pouvoir de » ; vient ensuite l'acquisition de la capacité à contrôler les ressources, « le pouvoir sur » qui peut, à terme, se transformer en un « pouvoir avec », c'est-à-dire en un réel mouvement qui fédère l'ensemble des femmes, *Women's Empowerment in South Asia. op cit.*, p. 134.

1. S. Riger, « What's wrong… », *op. cit.*, p. 282.
2. Voir https://www.un.org/fr/millenniumgoals/gender.shtml

gouvernement. Même constant pour la Banque Mondiale. A la même époque, en effet, le discours de l'organisme semble connaître un véritable tournant : contraint, tout à la fois, à prendre en considération la dimension genre et à tenir compte des ravages du néo-libéralisme, celui-ci promeut l'idée de « capital social » empruntée à Robert Putnam, une notion qui peut présenter l'intérêt de lier engagement civique et efficacité économique. A travers une valorisation de façade du social qui ne coûte rien tout en donnant l'impression de toucher au plus profond du « symbolique », à travers la promotion des valeurs de confiance, de réseau, de réciprocité, la rhétorique de la Banque Mondiale laisse penser qu'il est tout à fait possible de penser un « libéralisme économique à visage humain ». Là encore, la mise en avant d'une pseudo-orientation social-libérale ne réussit finalement qu'à vider encore plus l'*empowerment* de sa dimension proprement politique.

3. Cette promotion d'une participation vaine et sans intérêt ne doit naturellement pas se lire comme un phénomène isolé. Elle est l'exact pendant de l'expertise, elle-même émanation de l'idéal de gouvernance – un idéal qui s'est progressivement substitué à l'esprit initial de l'*empowerment* en général, et de l'*empowerment* féminin en particulier. A la participation purement formelle et dénuée de tout impact, correspond ainsi l'expertise des élites, soucieuse de gestion efficace, le tout sur fond d'une collusion des stratégies et des concepts, l'*empowerment* devenant lui-même le « critère de la "bonne gouvernance" » [1].

La genèse du terme de gouvernance est elle-même riche d'enseignements. Au début des années 2000, le terme apparaissait

---

1. Selon l'expression de M.-H. Bacqué et C. Biewener, *L'empowerment, une pratique émancipatrice, op. cit.*, p. 89. A noter qu'on trouve par ailleurs une critique conservatrice de la « professionnalisation » de l'*empowerment*. L'essai précurseur de P. L. Berger, R. J. Neuhaus, *To Empower People. From State to Civil Society*, American Entre prise Institute, Washington, 1977, par sa critique de l'Etat-providence et de sa propension généralisée à créer des experts, a partiellement ouvert la voie à une réélaboration de la notion d'*empowerment* qui valorise le rôle des « structures intermédiaires » (famille, bénévolat sous ses différentes formes, quartier, Eglises…) et donc les personnes dites « ordinaires ». C'est là, bien évidemment, encore une manière de dépolitiser l'*empowerment*.

dans les rapports des ONG notamment via les conférences de la Francophonie et de l'ONU, pour expliquer que l'aide au développement serait subordonnée à la mise en œuvre d'un changement au sein des administrations et des gouvernements des pays concernés. Il s'agissait en substance d'expliquer aux dictatures du Tiers-monde qu'il fallait faire un petit effort pour bénéficier des subsides des ONG. Un « petit » effort, en effet : on ne vous demande pas de vous démocratiser, mais d'assurer un minimum de droits civiques à vos ressortissants, et d'engager la lutte contre la corruption. C'est très exactement ce que donnait à voir l'emploi du mot « gouvernance », qui avait alors habilement et diplomatiquement maquillé des critiques politiques de fond en des conseils prudents de « réforme formelle ».

Tout ceci est, à n'en pas douter, révélateur de l'esprit qui anime l'idée de gouvernance. *Il s'agit bien de préserver un état de fait tout en donnant des gages du contraire.* Dans les pays en voie de développement qui ont connu la Révolution, comme la Tunisie, le régime politique a certes changé, mais la mentalité des aménagements entre amis et des « accommodements rationnels » est toujours là. Créer et reproduire le *statu quo* initial sous des politiques de promotion de la participation est plus que jamais d'actualité.

Ces valeurs patriarcales qui sous-tendent l'*empowerment* féminin s'incarnent également dans le statut d'inféodation qu'un bon nombre d'ONG cherchent à maintenir pour justifier et pérenniser leur « engagement » auprès de populations pour lesquelles il ne serait pas souhaitable, d'un point de vue de strict « retour » sur investissement, d'envisager une quelconque libération-habilitation. La Tunisie post-révolution foisonne d'exemples illustrant cette volonté d'émancipation toute relative de la population féminine, comme en témoigne le désarroi de cette militante locale qui, cherchant à participer de manière effective à l'organisation des différents ateliers et autres initiatives promues par une des nombreuses ONG ayant investi la place, se voit sèchement répliquer que le programme a été élaboré dans ses moindres détails au niveau de différentes instances « au Nord » et qu'à ce titre aucune marge de manœuvre ne peut être envisagée sur place[1]. Car

---

1. Nombre de témoignages de militants locaux vont dans ce sens.

tout est en réalité déjà joué et les enjeux de pouvoir sont d'emblée présents mais une forme d'hypocrisie demeure qui fait passer pour une gestion en marge du politique, appelée commodément gouvernance, ce qui n'est en fait, au sens strict du terme, que du gouvernement, et donc, de ce fait, une affaire éminemment politique. Une affaire d'experts de profession ou d'une élite sociale officiant sous le label de « citoyens ordinaires ».

*

Décoloniser l'*empowerment*, n'est-ce finalement pas prononcer son arrêt de mort ? Que reste-il de ces stratégies d'encapacitation une fois révélées les motivations réelles, plus ou moins explicites, qui le sous-tendent ? Ce type de « découverte » serait-il l'occasion de remonter enfin à la racine du problème, en reconnaissant que la stratégie *empowerment* est par principe vouée à l'échec, dans la mesure où elle se nourrit et trouve sa raison d'être dans une verticalité fondamentale qui corrompt d'emblée toute velléité émancipatrice ? Dès lors, à la question posée par Gruber et Trickett, « Pouvons-nous habiliter les autres ? », la réponse la plus honnête serait sans nul doute négative [1].

Si toutes ces interrogations sont légitimes, elles ne sauraient néanmoins nous conduire à rejeter l'*empowerment*. Décoloniser est une tâche nécessaire qui ne condamne pas l'habilitation ainsi conçue mais en permet une réélaboration qui la vide du potentiel d'assujettissement et de dépendance dont elle est, par principe, porteuse. Demeure alors la volonté de penser l'*empowerment* comme critique radicale des différentes formes de domination, une critique au cœur du politique et à l'intersection des paradigmes. Reste à déterminer le ou les vecteurs de cette possible réhabilitation.

---

1. J. Gruber, E. J. Trickett, « Can we empower others ? The paradox of empowerment in the governing of an alternative public school », *American Journal of Community Psychology*, 15, 1987, p. 353-371.

CHAPITRE VI

LE *CARE* AU SECOURS DE L'*EMPOWERMENT*?
DIFFICILE DÉCOLONISATION

Plus que tout autre grille de lecture, le *care part* de l'inégalité à l'œuvre dans les sociétés et de la nécessité de penser l'interdépendance comme constitutive des rapports sociaux quand d'autres prismes commencent par l'égalité et évacuent l'interdépendance, pensée négativement sur le mode du handicap. En envisageant *d'abord* une conception relationnelle de l'identité et en « dépassant » le concept d'autonomie, immanquablement présenté sous une forme machiste et foncièrement patriarcale, une certaine éthique du *care* semble se donner les moyens de penser au plus juste l'habilitation des femmes du Sud, en évitant de cantonner l'*empowerment* à la simple sortie d'un état de dépendance matérielle. En proposant, *par ailleurs*, une refonte de la traditionnelle dichotomie public/privé, le *care* ne peut qu'éveiller l'intérêt de ceux qui dénoncent une certaine « colonialité du genre » à l'œuvre dans les stratégies-*empowerment*.

Le risque est grand, néanmoins, de tomber dans le travers contre lequel l'on s'insurge (I). Entre la promotion des valeurs de sollicitude, d'interdépendance et de soin d'un côté, et l'inféodation des populations destinataires du *care*, de l'autre, la volonté de pérenniser des structures opprimantes et des rapports de domination n'est jamais bien loin. Comment, en effet, parler d'*empowerment* véritable lorsqu'on a affaire à un saupoudrage de mesures qui, fondamentalement, ne changent pas la donne tout en donnant l'impression d'envisager le problème à la racine? Une telle façon de voir les choses s'avère fondamentalement biaisée en ce qu'elle néglige tout à la fois la spécificité mais aussi le potentiel, bien réel, du *care* (II). Sa *réciprocité* la plus complète, *d'abord* : nous sommes tous destinataires et pourvoyeurs de *care* (1). Il y a donc *a priori* moyen d'établir une authentique solidarité et non pas (plus) une « charité paternaliste ». Son caractère anti-normatif, *ensuite*, manifeste dans sa propension à réhabiliter des savoirs traditionnellement considérés comme inférieurs (2) ; là encore, le *care* semble pouvoir s'adapter et donc rendre compte d'une « désobéissance épistémologique » telle qu'élaborée par une certaine pensée décoloniale. C'est, plus précisément, dans son aptitude à décoloniser le genre en mobilisant ses propres ressources (3) que se lit, tout à la fois, le potentiel du *care* et la possibilité d'un *empowerment* véritable, initié et conduit par toutes les femmes.

I

Rappelant les fondements messianiques du projet colonial, pensé pour le « bien des colonisés » et soucieux de « leur intérêt », Uma Narayan relève que cette « promotion du bien-être », emblématique du « discours colonial du *care* » fait étrangement écho à « certains aspects de l'éthique actuelle du *care* »[1]. Il va sans dire que cette légitimation du colonialisme est pour le moins connue ; rien de nouveau, en effet, dans la mise en avant de ses multiples avantages conçus comme autant d'expressions de la mission civilisatrice dont se sentent investis ces promoteurs du progrès et du développement. Tronto résume parfaitement la manière dont Narayan reformule cette idée classique :

> Uma Narayan a fait remarquer que le colonialisme n'essayait pas de se justifier lui-même auprès de ses populations impérialistes en se déclarant comme un système d'exploitation d'autres biens, de la propriété et du travail. Au lieu de cela, l'auto-explication narrative tenait dans un discours du *care* : les autochtones pouvaient être christianisés, civilisés, rendus meilleurs par leur rencontre avec les idéaux chrétiens, britanniques et occidentaux[2].

---

1. U. Narayan, « Colonialism ans Its Others : Considerations on Rights and Care Discourses », *Hypatia*, vol ; 10, n°2, Spring 1995, p. 133-134.
2. J. Tronto, *Le risque ou le care ?*, Paris, P.U.F., « Care Studies », 2012, p. 35-36.

Ce qui est intéressant et en partie novateur dans l'approche de Narayan est la manière dont elle envisage la « colonialité du *care* »[1]. Celle-ci considère que c'est *la volonté de récuser la justice* au profit de la sollicitude, de l'empathie et de la reconnaissance de la vulnérabilité qui, d'emblée, mine le « projet *care* ». Critiquant explicitement Tronto dont elle reprend les mots, Narayan affirme la difficulté qu'il y a à « "prendre entièrement en considération les besoins humains" sans tenir compte de l'exigence de justice, celle-là même qui permettrait aux plus faibles de participer sérieusement au discours social et politique où de tels "besoins" sont débattus et [en dernière instance], définis »[2]. L'exemple choisi par la philosophe d'origine hindoue est celui du sort réservé aux fillettes en Inde : celles-ci reçoivent beaucoup moins d'attention, à la fois symbolique et matérielle, et donc « moins de *care* », que les garçons. C'est là un problème culturel, et donc fondamentalement structurel, qui ne peut être résolu qu'*en termes de justice* : le *care*, conclut-elle, suppose la justice[3].

1. L'expression est nous ; l'approche de Uma Narayan est au demeurant essentiellement postcoloniale (elle se réfère largement à Edouard Saïd dans l'essai cité) et non proprement décoloniale, même si ses positions, ailleurs, sont exprimées en un sens avec plus de radicalité. Voir essentiellement *Dis-locating Cultures*, New York, Routledge, 1997, où Uma Narayan interroge notamment la notion d'« *authentic insider* », cherchant à montrer dans quelle mesure l'idée selon laquelle la figure de l'indigène véritable, capable de comprendre, d'évaluer et de critiquer la « vérité du Tiers-monde » est en soi problématique. Elle met ainsi en avant le fait que ce genre de construction dessert plus qu'il ne sert en contribuant à reproduire « l'épisode colonial » mais aussi en légitimant certaines approches de type multiculturaliste, p. 143 passim.

2. *Ibid.*, p. 138-39. A noter toutefois que cette critique demande à être relativisée dans la mesure où Tronto affirmait déjà par ailleurs, en 1993, dans *Moral Boundaries*, que *care* et justice sont complémentaires, même si elle ne se prononce pas, et c'est là tout l'enjeu de la question, sur le type de théorie de la justice que le prendre soin requiert : « Le soin reposant sur la satisfaction des besoins, le problème de déterminer quels besoins doivent être entendus montre que l'éthique du *care* n'est pas de nature individualiste, mais doit être située dans un contexte moral plus général. A l'évidence, une théorie de la justice est nécessaire pour distinguer les besoins les plus urgents de ceux qui le sont le moins. Cependant, le type de théorie de la justice qui sera nécessaire pour déterminer les besoins est probablement différent des théories les plus courantes de la justice », chapitre IV, p. 184-185.

3. *Ibid.*, p. 139.

En affirmant en substance que lorsque le *care* fait défaut, c'est la justice qui est absente, Narayan se démarque également de Virginia Held sur deux points centraux. Elle récuse ainsi le caractère systématique du propos heldien qui la conduit à soutenir qu'il serait possible de jouir du *care* également en dehors d'un contexte où la justice serait garantie, mais aussi à défendre, plus généralement, le principe d'une supériorité du *care* sur la justice, une supériorité qui se lit dans l'affirmation selon laquelle « sans *care*, il n'y aurait personne à respecter » voire dans la formule tout aussi radicale qu'« en l'absence de *care*, nous ne pourrions pas avoir de vie du tout »[1]. Au-delà de l'emphase, la radicalité du propos heldien se manifeste dans le statut conféré au *care*, celui de *valeur* informant l'ensemble des aspects de notre existence : « lorsque, par exemple, on pourvoit aux besoins des enfants sans leur prodiguer le care qui leur est nécessaire, ceux-ci ne se développent pas comme il le faudrait, pour ne pas dire pas du tout »[2].

En reconstruisant le raisonnement de Narayan, on peut affirmer que l'idée centrale est que le *care* peut difficilement « encapaciter » les plus faibles. Même si elle semble vouloir atténuer au final la portée de sa critique en prônant un certain partage des tâches entre *care* et justice qui lui fait dire que « dans certains contextes particuliers, la promotion d'une stratégie *care* peut aider à l'amélioration de certaines formes de justice »[3] ; même si elle finit par accorder à Tronto et à Held que « le *care* offre un cadre plus large », voire « fonde » toute « considération de droit et de justice », qui s'y subsume comme un

---

1. V. Held, « The Meshing of Care and Justice », *Hypatia*, vol. 10, n° 2, Spring 1995, p. 131.

2. *Ibid.*

3. Dans une veine qui peut éventuellement permettre de faire un rapprochement *sur le principe* entre Uma Narayan et Marylin Friedman. Cette dernière s'attache en effet à montrer « comment dépasser la dichotomie du *care* et de la justice ». Elle explique ainsi qu'« il n'y a pas à s'étonner de l'absence de différences statistiques dans le raisonnement moral des hommes et des femmes sur les lignes de partage de la dichotomie du *care* et de la justice, puisque les concepts de *care* et de justice sont mutuellement compatibles », « Au-delà du *care* : dé-moraliser le genre », dans P. Paperman, S. Laugier (dir.), *Le souci des autres. Ethique et politique du* care, Paris, Éditions de l'Ecole des Hautes Études en Sciences Sociales, p. 58.

« sous-ensemble », il n'en demeure pas moins que la thèse qui informe son raisonnement est on ne peut plus claire : dès qu'il s'agit d'émancipation, seule la justice est à même de fournir le cadre et les moyens nécessaires à un *empowerment* véritable [1]. De fait, comment le *care* pourrait-il prétendre outiller les populations en termes de pouvoir en se contentant simplement de « mettre l'accent sur l'interdépendance » sans jamais « interroger » de manière responsable les différentes « interprétations qui sont [ou peuvent] en être faites » [2] ? Le risque est grand, en effet, de voire poindre la domination et l'hégémonie là où n'est censée se manifester qu'une bienveillante célébration de la mutualité et de la réciprocité en raison, précisément, de la présence de justifications idéologiques divergentes de l'interdépendance ainsi conçue.

L'analyse de Narayan a ceci d'intéressant qu'elle contribue à renforcer une impression à la fois latente et tenace d'une négativité du *care*, déclinable essentiellement sur trois niveaux distincts. Un *premier niveau*, d'abord, que l'on pourrait qualifier d'historique et qui repose sur une observation de bon sens : si l'on part du principe que la quasi-totalité des tâches relatives au *care* sont effectuées par des femmes, il n'en demeure pas que le partage desdites tâches, leur rémunération ou leur rétribution symbolique sont loin d'être équitables. Historiquement, le *care* dispensé par certaines femmes a pu être identifié à des « prestations de servitude » : que l'on songe par exemple aux États-Unis au tournant du XXᵉ siècle, et à ces femmes noires (auxquelles viennent s'ajouter les *Chicanas* après la Première Guerre mondiale [3]) exclusivement pourvoyeuses de *care*, au service de femmes blanches capables de s'offrir les services d'une domestique de couleur. Le fait que le *care* soit ainsi traversé par des rapports de force et s'exprime, fondamentalement, dans et par la domination, donne clairement à voir qu'il n'y a qu'un pas de la « sollicitude à la servitude ».

1. *Ibid.*
2. *Ibid.*, p. 136.
3. Elles seront rejointes par les Japonaises après la Seconde Guerre Mondiale, ainsi que le rappelle Elsa Dorlin dans « *Dark Care* : de la servitude à la sollicitude », dans *Le souci des autres, op. cit.*, p. 91.

Tronto résume parfaitement cette réalité lorsqu'elle décrit le problème en termes de « cercle vicieux »[1] :

> Le *care* est sans valeur et les gens qui le mettent en œuvre sont dévalorisés. Non seulement les positions sociales occupées par ces personnes correspondent à des rémunérations faibles et à des emplois peu prestigieux, mais aussi leur proximité avec les corps abaisse encore leur valeur[2].

Ce qui achève de rendre ce cercle vicieux encore plus prégnant est sans nul doute l'association du *care* à la raison libérale, ou devrait-on dire néo-libérale, selon des modalités qui font du premier un instrument de la seconde. Ce *deuxième* niveau, celui d'une *certaine marchandisation* du *care*, recoupe certaines critiques faites à l'*empowerment*, voire s'y superpose totalement[3]. L'idée est en effet ici que l'*esprit* fondateur du *care* ne peut qu'être trahi par une volonté politico-économique à l'œuvre qui l'instrumentalise pour pérenniser des structures oppressives, et pas seulement en termes de « fuite du *care* »[4]. Comme l'écrit Fabienne Brugère, « là où le marché risque d'éclater, [...] des dispositifs et des politiques dans l'esprit de la politique humanitaire font que la société tient ». Et d'ajouter que « la référence aux sentiments moraux et à l'homme compassionnel permet de déployer une sorte de paternalisme social qui oblige celles et ceux qui sont dans le besoin à construire une cohérence à travers leur parcours avec des épisodes

---

1. J. Tronto utilise également et par ailleurs le terme générique de « problèmes d'asymétrie du care », voire par exemple « *Care* démocratique et démocraties du *care* », dans P. Molinier, S. Laugier, P. Paperman (dir.), *Qu'est-ce que le care ? Souci des autres, sensibilité, responsabilité*, Paris, Petite Bibliothèque Payot, 2009, p. 40.

2. J. Tronto, L. Mozère, *Moral Boundaries. A Political Argument for an Ethic of Care*, Londres-New York, Routledge, p. 114 ; trad. fr. H. Maury, *Un monde vulnérable. Pour une politique du* care, Paris, La Découverte, 2009.

3. Voir dans le présent ouvrage « L'*empowerment*, un remède au devenir-femme de la pauvreté ? », p. XXX?.

4. L'expression est de J. Tronto. Elle entend *essentiellement* par « fuite de *care* » la migration des populations du Sud devenues premier pourvoyeur de care du « Premier monde ». Cette « fuite » ne fait qu'augmenter car « comme la population des pays développés continue de vieillir, leur demande en personnel médical va encore augmenter », « *Care* démocratique et démocraties du *care* », *op. cit.*, p. 45.

attendus »[1]. On retrouve ici le même schéma que dans les stratégies *empowerment* : vouloir faire emprunter aux populations locales une voie balisée pour une « encapacitation » avérée, en dépolitisant sciemment leur démarche jusqu'à tomber dans la folklorisation, confondant ainsi liberté et libération, pour reprendre le mot de Tlostanova[2].

Un *troisième niveau*, enfin, proprement théorique cette fois-ci, participe de ce parti-pris colonial qui peut être attribué au *care*. On a ainsi le sentiment étrange que dès que l'on tente d'extraire le *care* en dehors du cadre proprement occidental pour l'importer dans les pays du Sud aux fins de penser l'*empowerment* des populations démunies, les malentendus qui ont fait les beaux jours des critiques de cette éthique alternative et qu'on croyait pourtant définitivement estompés, ressurgissent quasi-instantanément. « Sentimentalisme mou » de ce qu'on a commencé par traduire par « sollicitude », identification réductrice et extrêmement problématique à une éthique féminine[3], rattachement initial intuitif à une anthropologie négative (en ce qu'il serait exclusivement réservé aux plus démunis, à ceux qui souffrent psychiquement et physiquement, malades et handicapés) : tout se passe comme si ces approximations et autres confusions finissaient par ressortir de manière brutale et irraisonnée à la faveur d'un changement dans le champ d'application.

Le *care* destiné aux indigènes serait donc ce *care* dont la « métropole » n'a cessé de dénoncer le caractère caricatural et biaisé, un *care* dont elle ne veut à juste titre pas mais qu'elle peut, en revanche, servir aux populations du Sud qui n'y verront que du feu. Il est au demeurant extrêmement intéressant de constater qu'à cette dissociation théorique du *care* correspond une dissociation pratique entre *care* « authentique » et *care* « bas de gamme », ce dernier (qui correspond

---

1. F. Brugère « Quelle politique du "*care*" dans un monde néolibéral ? », dans M. Garrau, A. Le Goff (dir.), *Politiser le* care *? Perspectives sociologiques et philosophiques*, Paris, Le Bord de l'eau, 2012, p. 134-135.

2. M. Tlostanova, *Learning to Unlearn, op. cit.*, p. 130.

3. Le maternalisme représente la version extrême de cette essentialisation du *care*.

aux activités dite de service) étant réalisé exclusivement par les populations immigrées. Tout se passe comme si l'exportation du *care* par les divers organismes internationaux répondait à la « fuite du *care* » et à sa marchandisation dont nous parlions plus haut, et inversement, ancrant et perpétuant ainsi sa colonialité. Tronto mettait déjà en garde il y a quelques années contre la perversion politique de la relation dyadique qui se situe au fondement du *care* :

> Le « care véritable » sera uniquement réalisé par les personnes de « souche », sans signe distinctif, alors que les « activités de service » seront marquées par des statuts raciaux, linguistiques, religieux et migratoires. Une fois cela réalisé, il sera facile de revenir à un temps où nulle supposition d'égalité démocratique ne prévalait.

Mais cela n'enlève rien au *potentiel* du *care* lorsque celui-ci est bien compris. Comme l'explique très justement Joan Tronto, analysant le propos de Narayan :

> L'exemple de Narayan montre que le *care* peut être déployé discursivement avec de bonnes comme de mauvaises intentions. Cela signifie que l'adéquation normative du *care* ne provient pas de sa clarté conceptuelle, mais de la théorie politique et sociale dans laquelle il est placé. Dans les sociétés qui souhaitent assumer l'égale valeur de toute vie humaine, le *care* a besoin d'être démocratique et inclusif[1].

C'est précisément ce prisme qui nous intéresse ici. Nous aimerions montrer que le *care* peut être autre chose qu'un discours colonial, pour peu que l'on sorte de la caricature qui en est faite et qui relève souvent de l'instrumentalisation.

---

1. J. Tronto, « *Care* démocratique et démocraties du *care* », *op. cit.*, p. 36. Ou encore : « Comme Uma Narayan l'a observé, le colonialisme était un discours du *care*. Les colonisateurs n'étaient pas persuadés qu'ils étaient en train d'exploiter les peuples colonisés mais qu'ils avaient assumé "le fardeau de l'homme blanc" et qu'ils leur apportaient la civilisation et la chrétienté. Ce n'était pas que l'œuvre d'hommes ; de nombreuses femmes étaient impliquées dans la mission chrétienne consistant à dispenser des soins par la colonisation. Dès lors, comment pouvons-nous distinguer le bon du mauvais *care* ? Une réponse rapide sur le plan méthodologique est que les concepts ne prennent une signification qu'en fonction des théories dans lesquelles ils sont pris », p. 40.

II

1. Dans un passage consacré à la nécessité de substituer le « pluriversel » à l'universel, Madina Tlostanova explique fort justement que « solidarité » ne doit pas être confondue avec « charité » *en raison de la dimension de réciprocité* contenue dans la première :

> Vous pouvez être *solidaires* avec ceux qui luttent contre la faim dans le monde au sens où vous êtes sympathisants dec la cause et que vous trouvez que leur combat se justifie. Mais ces gens-là ne seront pas réceptifs [care] à votre « solidarité » qui est en réalité une « charité paternaliste ».

Et d'ajouter, convoquant la perspective décoloniale :

> « Solidarité », en termes décoloniaux, signifie réciprocité : si vous êtes solidaires, vous devez être un partenaire et être considéré comme tel par les institutions et les agences avec lesquelles vous êtes solidaires[1].

En ce sens, et à l'autre extrême, les tentatives conceptuelles pour rapprocher le *care* du don ne peuvent en aucun cas être satisfaisantes. Si comprendre le don comme réciprocité est déjà difficile, faire du *care* une manifestation de la « grâce » et appeler à sa « sublimation », « à l'instar du don » n'a rien d'un progrès, contrairement à ce que peuvent avancer certains :

> Les moments de grâce ne manquent pas dans l'expérience du *care*, ces moments où il s'agit de donner pour donner sans viser, immédiatement, à satisfaire un besoin, dûment identifié. Cette dimension, qui est aussi celle du jeu, du plaisir, voire du désir, participe à l'évidence du prendre soin. Qu'est-ce en effet qu'un « état de grâce », sinon un « instant fugitif » où les échanges humains échappent à la pesanteur des routines, de la fonctionnalité ou de l'utilité[2] ?

Nous sommes visiblement ici dans une perspective unilatérale qui ne saurait ni rendre compte de l'esprit du *care*, ni, plus

1. M. Tlostanova, *Learning to Unlearn*, *op. cit.*, p. 12.
2. P. Chanial, « Don et *care* : une famille (politique) à recomposer ? », in *Politiser le* care *? Perspectives sociologiques et philosophiques*, *op. cit.*, p. 90.

particulièrement, du *care* que nous recherchons, fondé sur une
« solidarité réciproque ». Penser le *care* sur le mode du don, de la
grâce et de la quasi-surérogation, c'est immanquablement retomber
dans des rapports verticaux et renouer avec la colonialité du *care*
ainsi dévoyé. Les stratégies *empowerment* ne fonctionnent-elles pas,
au demeurant, selon ce principe [1] ?

Car le *care*, en tant qu'éthique(s), dit exactement l'inverse : il
nous donne à voir que le *care* nous concerne tous parce que nous
sommes tous, à un moment ou à un autre de notre vie, les destinataires
d'une attention qu'un tiers (physique ou moral) manifeste à notre
égard et par laquelle il nous permet de gagner en bien-être, voire d'un
soin concret dont il nous fait bénéficier et qui nous fait mieux nous
porter. En ce sens, l'éthique du *care* « suppose que nous abandonnions
notre sentiment de totale autonomie », exigeant que l'on « descende
de son ego érigé en piédestal » [2].

La question qui se pose ici est naturellement celle de savoir
comment, pratiquement, parler d'une réciprocité à l'œuvre s'agissant
des modalités d'une relation censée être unilatérale, où l'on donne
sans rien recevoir, comme c'est le cas pour l'*empowerment*? Pour le
dire autrement, qu'a donc à donner en échange l'inapte, l'incapable,
le faible, le démuni à ceux qui « l'habilitent », « l'empouvoirisent »
et « l'encapacitent » ?

La réponse, selon nous, ne peut se situer que dans une *politisation*
du care qui fait de l'*empowerment* l'incarnation de la réciprocité que
nous recherchons. Dire cela, c'est certes voir dans le *care* « une
rencontre attentive, une relation dont on sait qu'on en sera transformé
mais sans pouvoir prévoir comment, jusqu'à quel point et avec quelles
conséquences sur nos vies » [3]. Mais pas seulement. Car affirmer que

1. Nous renvoyons encore une fois, dans ce même volume, à notre article sur
l'*empowerment*.
2. J. Tronto, « *Care* démocratique et démocraties du *care* », *op. cit.*, p. 51 ;
« Introduction », p. 26.
3. P. Molinier, S. Laugier, P. Paperman (dir.), *Qu'est-ce que le care ?*, *op. cit.*,
p. 26. Il arrive parfois qu'un lien soit fait entre *care* et *empowerment*, voire que ledit
lien incarne l'idée d'une réciprocité à l'œuvre dans le processus d'habilitation,
concernant aussi bien les pourvoyeurs que les destinataires du care. Mais cette

l'*empowerment* concerne aussi bien les pourvoyeurs que les bénéficiaires du *care* suppose de définir les modalités d'une émancipation mutuelle et véritable au-delà de la simple empathie qui, dans le fond, change rarement de manière systématique et structurelle notre façon d'être et de voir. Il ne s'agit donc pas tant de se demander ce que les premiers peuvent recevoir des seconds, fût-ce le bénéfice non négligeable de la prise de conscience de notre vulnérabilité essentielle, mais de considérer le *care* comme l'*occasion* de changer ce qui fait la *colonialité* des relations Nord-Sud : une épistémologie *mainstream* qui tente d'inscrire des valeurs particularistes sous couvert d'universalisme.

2. Le *care* a en effet les moyens de cette « désobéissance épistémologique ». Il a, à tout le moins, donné des gages en ce sens en réhabilitant, *d'une part*, ce que l'orthodoxie philosophique a l'habitude de considérer comme des sous-savoirs et, *d'autre part*, en remettant à l'honneur le « cas particulier » « méprisé » au nom du général et de la sacro-sainte universalité [1]. On peut dès lors raisonnablement penser que les conditions d'une réciprocité réelle entre les intervenants sont réunies dans la mesure où nous ne sommes plus dans des rapports verticaux et oppressifs mais dans une sorte

problématisation, outre qu'elle tient pour acquis l'*empowerment* des derniers (l'objectif du *care* n'est-il pas d'émanciper ?), se contente *au mieux* de relever (au demeurant à juste titre) la transformation des premiers, fondamentalement affectés par la vulnérabilité qu'ils sont amenés à prendre en charge. « Au mieux », car tout ceci est généralement sous-entendu, ainsi que le donne à voir le passage qui suit, emblématique de cette rhétorique de l'implicite. Explicitant l'intérêt d'une politisation du *care*, Stéphane Haber explique que celle-ci « implique aussi bien aussi bien l'intégration des pratiques liées au *care* dans les *agendas* de la réflexion démocratique, que là où il peut avoir un sens, *l'empowerment* des personnes concernées – les dispensateurs comme les destinataires du *care* et leur entourage, « Ethique du *care* et problématique féministe dans la discussion américaine actuelle. De Carol Gilligan à Joan Tronto », dans *Le souci des autres, op. cit.*, p. 172. En l'absence d'une interrogation sur les conditions et les modalités qui éventuellement pourraient donner un « sens » (lequel) au dit *empowerment*, le propos ne peut qu'être elliptique.

1. Wittgenstein parlait d'une « pulsion de généralité » dans le *Cahier bleu*, ainsi que le rappelle Sandra Laugier, « Le sujet du *care* : vulnérabilité et expression ordinaire », dans P. Molinier, S. Laugier, P. Paperman (dir.), *Qu'est-ce que le care ?*, *op. cit.*, p. 168.

« d'ethnographie morale qui laisserait leur place aux expressions propres des agents *davantage qu'une approche surplombante* »[1]. Un principe que Tronto exprime clairement lorsqu'elle distingue entre l'universalité du besoin et les formes multiples que peut revêtir son expression :

> Le *care* est universel, mais la nature et la satisfaction des besoins admettent d'énormes variations culturelles. Les sociétés démocratiques ont l'obligation de permettre, de protéger et, en fait, d'encourager ces variations […] Les problèmes d'égalité sont centraux lorsque la démocratie nous préoccupe ; de la même façon, le traitement des différences culturelles doit refléter l'engagement pris de développer démocratiquement le *care*[2].

Bien évidemment, c'est parce que l'on œuvre à réhabiliter le singulier que l'on recherche des vecteurs capables d'en rendre compte. C'est ici qu'entrent en scène lesdits « sous-savoirs » comme la littérature, le cinéma, des séries télé et, plus généralement, toute manifestation d'une expérience vécue. L'idée est ici que dans la mesure où l'éthique du *care* opère comme un révélateur de ce qui compte pour nous, elle se doit d'avoir à sa disposition un arsenal, une boîte à outils lui permettant de donner à voir notre « texture d'être »[3] singulière selon des modalités qui « parlent » à un public qui n'est pas exclusivement constitué de cerveaux, mais aussi de cœurs. En mettant au jour ce qui est important à nos yeux, le *care* ne s'adresse pas simplement à la raison en nous, mais à la sensibilité. C'est précisément cela que relève Sandra Laugier lorsqu'elle explique que « la littérature (comme […] le cinéma et les séries télé) affinent notre perception en faisant ainsi apparaître les questions morales, dans des situations particulières, se détachant sur un arrière-plan qui

---

1. S. Laugier, « Le sujet du *care* : vulnérabilité et expression ordinaire », dans P. Molinier, S. Laugier, P. Paperman (dir.), *Qu'est-ce que le care ?*, *op. cit.*, p. 169.

2. J. Tronto, « *Care* démocratique et démocraties du *care* », *op. cit.*, p. 52.

3. L'expression est de Iris Murdoch, *L'attention romanesque. Écrits sur la philosophie et la littérature*, Paris, La Table Ronde, 2005, citée par S. Laugier, « Le sujet du *care* : vulnérabilité et expression ordinaire », *op. cit.*, p. 175

fait ressortir ce qui est important et y attire notre attention (*carefulness*) »[1].

Foncièrement non normatif, essentiellement *attentif* aux récits mais aussi aux idiomes à travers lesquels ils s'expriment, le *care* peut tout à fait incarner cette « décolonisation de l'esprit » – une tâche qui réunit aussi bien les pourvoyeurs que les destinataires du *care*, capables de ce fait de se retrouver dans un *empowerment* commun dont ils sont les artisans mutuels. Il le peut d'autant plus que la relation de *care* elle-même invite, naturellement peut-on dire, à mobiliser, du côté des pourvoyeurs, des savoirs dont il est malaisé de rendre compte avec les outils langagiers traditionnels mais aussi, du côté des bénéficiaires, une réalité, une histoire, un récit que la rhétorique classique est impuissante à exprimer. C'est ici que le *care* retrouve son équilibre, de sorte que le « bon *care* » serait finalement celui qui incarne une symétrie là où on n'avait de cesse de déplorer son « asymétrie » essentielle.

Ainsi considéré, le *care* peut ainsi prendre en charge une véritable entreprise de *traductibilité* qui se substituerait à la « stratégie-traduction » libérale qui annihile le particulier en exigeant de la différence qu'elle se pare d'atours politiques, au sens rawlsien du terme.

Car le *traduisible*, obsolète et dangereux au sens où il est non seulement porteur d'un idéal trompeur de pureté et de clarté, mais également au sens où il impose la conformité à des valeurs tout à la fois faussement universelles et prétendument neutres, doit impérativement céder la place au *traductible*, conscient de nos différences et travaillant à leur rendre justice de la meilleure manière possible. Troquer le traduisible contre le traductible doit pouvoir se concevoir selon un double mouvement : c'est mettre l'accent sur notre écoute de l'autre (au sens, remis à l'honneur par le *care*, où l'on *entend*) plutôt que sur son effort, nécessairement vain, de conformer un récit particulier à un moule prétendument universel,

---

1. S. Laugier, « Le sujet du *care* : vulnérabilité et expression ordinaire », *op. cit.*, p. 23. Nous soulignons.

faisant ainsi la gageure, comme l'affirme Judith Butler, de « rechercher Kant dans chaque culture » ; mais c'est aussi accepter de faire soi-même l'effort de rendre son propre discours, ses valeurs particulières, son récit singulier, audibles par les autres[1].

Cette « double traduction », selon l'expression de Mignolo, n'est pas simplement, on s'en doute, linguistique ; elle est aussi cosmologique – au sens culturel du terme, naturellement. Etudiant l'histoire mexicaine contemporaine, le penseur argentin montre en effet qu'il y a ainsi eu par exemple, dans les années 1990, une traduction/transculturation du marxisme mais aussi du féminisme dans la cosmologie amérindienne et réciproquement, insistant sur le fait que ce double mouvement doit être compris comme une réaction-résistance au discours néo-libéral, foncièrement hégémonique, de l'État mexicain. Mignolo voit dans la figure du sous-commandant Marcos l'exemple paradigmatique du « double traducteur » à l'origine de cette circulation sémiotique. Cette idée d'emprunts réciproques qui se mélangent et s'interpénètrent est issue d'une réflexion sur le concept de colonialité du pouvoir, hérité du sociologue péruvien Anibal Quijano, mais aussi, d'une certaine manière, de la lecture qu'en fait l'hindou Guha lorsqu'il montre comment le discours colonial britannique et le discours indigène hindou *se rencontrent* via la notion de progrès (incarnée, tout à la fois, par l'*Improvement* colonial et le *Danda* « subalterne ») dans un paradigme commun[2].

De la même manière, dans cette véritable solidarité où des femmes cherchent « simplement » à saisir ce qui fait sens pour d'autres, il

1. J. Butler, « Universality in Culture », *in* J. Cohen (dir.), *For Love of Country : Debating the Limits of Patriotism*, Boston, Beacon Press, 1996, p. 52.

2. Sur ce dernier point, voir W. Mignolo, « Coloniality of Power and Subalternity », I. Rodriguez (dir.), *The Latin American Subaltern Studies Reader*, Durham-London, The Duke University Press, 2001, p. 424-444. Plus spécifiquement et s'agissant de l'idée de « double traduction », voir par exemple W. Mignolo, F. Schiwy, « Transculturation ans the Colonial Difference : Double Translation », dans T. Maranhao, B. Streck (dir.), *Translation and Ethnography : The Anthropological Challenge of Intercultural Understanding*, Tuscon, The University of Arizona Press, 2003, p. 3-29. Sur le mouvement zapatiste et la figure de Marcos, voir « The Zapatista's Theoretical Revolution : Its Historical, Ethical, and Political Consequences », *Review (Fernand Braudel Center)*, vol. 25, n°3, Utopian Thinking, 2002, p. 245-275.

n'est pas question d'« affrontement viril ou de compétition » – valeurs qui ont fait, on s'en souvient, les beaux jours de l'*empowerment* colonial[1] – mais d'une appropriation réciproque des savoirs, où conceptions du monde et univers se traduisent dans la réciprocité la plus totale. C'est là, selon nous, la meilleure façon de rendre justice à l'idée, systématisée par Tronto, selon laquelle le ressort du *care* n'est pas l'altruisme (une autre façon de penser la verticalité des rapports et la charité paternaliste) mais la relation[2].

3. On voit donc que l'affirmation selon laquelle le *care* « déplace les frontières » est loin d'être un vain mot ou un pur slogan. S'il est vrai que c'est à Joan Tronto que l'on doit cette idée, ce que nous défendons ici est en un sens plus radical. Tronto avait en effet entrepris de montrer de manière très intéressante dans quelle mesure le *care* procédait à une sorte de reconfiguration en redessinant les frontières entre morale et politique d'une part, morale et affects d'autre part et entre privé et public par ailleurs. Elle avait donné à voir en substance comment il exigeait de coupler ce qui paraissait à première vue opposé et jeter des ponts entre ce qui semblait de prime abord irréconciliable, imposant ainsi une circulation là où le cloisonnement était de rigueur. Nous disons, quant à nous, d'un point de vue décolonial, que c'est la désobéissance épistémologique rendue possible par le *care* et

---

1. L'expression est de P. Molinier, S. Laugier, P. Paperman (dir.), *Qu'est-ce que le care ?, op. cit.*, p. 19. Sur les valeurs libéralo-machistes promues par l'*empowerment*, voir dans ce même volume « L'*empowerment*, un remède-miracle… ».

2. Voir J. Tronto, *Caring Democracy. Markets, Equality, of Justice*, New York University Press, New York, 2013, p. 32. J. Tronto s'inscrit en faux contre la thèse développée par Deborah Stone dans son livre *The Samaritan's Dilemma : Should Government Help Your Neighbor ?*, New York, Basic Books, 2008. Pour Tronto, il est impropre de fonder le *care* sur l'altruisme dans la mesure où ce dernier « part de motivations non égoïstes du moi plutôt que partir […] du réflexe, présent chez tous les humains, de chercher à se lier les uns aux autres en pensant et en aidant à la réalisation de leurs besoins ». Or pour de nombreuses doctrines morales de l'égoïsme, être altruiste est un choix. Pour qui défend l'idée d'une nature relationnelle de l'homme, le fait que certains puissent « choisir » d'être égoïstes ne saurait en aucune manière rendre adéquatement compte de l'agir humain. En « rédui[sant] ainsi l'altruisme à une *identité* que certains auraient et d'autres non », on ne se donne pas les moyens de lutter contre « la distribution inéquitable et des responsabilités du *care* ».

incarnée fondamentalement dans l'ide de double traduction qui sous-tend la possibilité même de la circulation entre les paradigmes, les champs et autres sphères et donc le déplacement des frontières. Bien que percevant intuitivement la nécessité d'opérer cette décolonisation de l'esprit, les théoriciennes du *care* (et plus particulièrement Tronto) ne vont jamais jusque-là, ce qui les prive de penser le potentiel réellement émancipateur (au sens de l'*empowerment*) du « prendre soin ».

Prenons l'exemple de la séparation entre public et privé. Tronto explique qu'il est nécessaire d'en finir avec la privatisation du *care* qui l'a relégué en dehors de la vie publique, contribuant ainsi à en renforcer le caractère sexué, et justifiant par la-même, encore une fois, la division sexuelle du travail mis en place par le patriarcat : le « prendre soin » est d'autant plus une affaire de femmes que la sphère privée est le lieu par excellence où sont elles sont censées évoluer. Loin de vouloir gommer toute forme de vie privée, la philosophe propose de politiser le *care* au sens de rendre publiques des questions privées qui exigent, précisément, un traitement politique – et donc de déplacer la frontière initiale. Cette politisation a notamment l'intérêt de mettre au jour nos dépendances et donc notre vulnérabilité, donnant ainsi un sérieux coup de canif dans « l'image rassurante d'une société constituée d'adultes compétents, égaux, autonomes, en bonne santé »[1]. Comme le résume parfaitement Paperman, « le maintien de la séparation entre le public et le privé peut aussi protéger de la confrontation avec l'inéluctabilité de ces dépendances »[2].

Mais « dé-genrer le *care* » en invitant à sa politisation ne sert pas à grand-chose si cette politisation n'est pas à son tour le vecteur d'une « décolonisation du genre » où l'on ne se contenterait pas simplement de « déplacer les frontières » mais d'accepter toutes les conséquences normatives d'un tel mouvement. En l'occurrence, exiger que certains aspects du *care* soient « importés » dans la sphère publique doit

---

1. P. Paperman, « Les gens vulnérables n'ont rien d'exceptionnel », dans P. Paperman, S. Laugier (dir.), *Le souci des autres. Ethique et politique du* care, *op. cit.*, p. 291.
2. *Ibid.*

nécessairement s'accompagner d'une réflexion déconstructionniste sur la pertinence de la séparation public/privé en termes de genre. Malheureusement, les éthiciennes du *care* ne vont jamais jusqu'au bout de ce travail alors que la nature même de « l'outil *care* » non seulement le permet mais y invite.

Ce sont sans doute les féministes décoloniales qui prennent en charge le mieux cette entreprise de déconstruction *à partir du* care [1]. Il peut paraître à première vue pour le moins étonnant d'associer pensée décoloniale et des valeurs comme l'amour, le jeu et le voyage, fût-il symbolique [2]. Pourtant, la pensée décoloniale, et particulièrement la pensée décoloniale féministe, promeut clairement ce type d'approche que la « carologie » ne renierait pas.

C'est (encore) à Maria Lugones que l'on doit cette grille de lecture décoloniale où le *care* s'incarne, tout à la fois, dans le refus de la normativité et dans une thématisation de l'attention qui prend la forme d'un voyage entre différents « mondes de sens », dans lequel « l'amour révèle la pluralité » et donc la différence [3]. Par « monde », Lugones entend « ce qui est habité au moment présent par la chair et le sang des hommes », que cette construction soit « incomplète », « imaginaire », à venir, qu'elle concerne une société entière ou une infime proportion de personnes. Certains des habitants de ces mondes peuvent ne pas comprendre ou partager cette construction particulière d'eux-mêmes « qui les construit dans ce monde » particulier ; néanmoins ils « animent » ce même monde parce qu'il est d'une certaine façon, malgré tout, le leur.

Foncièrement multiples, nous voyageons à travers ces mondes qui nous informent et passons de l'un à l'autre dans un élan d'amour certain. Cet amour, explique Lugones, doit se comprendre sur un

1. Nous l'avons montré ailleurs, à partir, entre-autres, de Lugones mais selon une perspective différente. Voir, dans ce même volume, « *L'empowerment…* »

2. Elle est en effet souvent associée au refus de l'Occident et à la promotion du communautarisme, voir l'introduction du présent volume.

3. M. Lugones, « Playfullness, 'World'-Travelling and Loving Perception », *Hypatia*, vol. 2, 2, Summer 1987, p. 3. Reproduit dans *Pilgrimages / Peregrinajes. Theorizing Coalition against Multiple Oppression*, Lanham, MD, Rowman and Litlefield, p. 77-100.

mode ludique : il a pour nom « jeu ». Lugones montre que *l'homo ludens* dont il est question ici se démarque complètement de celui de Gadamer et d'Huizinga car pour l'un comme pour l'autre, « le jeu et le ludisme ont définitivement à voir avec la compétition, la victoire, la défaite, le combat »[1]. S'appuyant sur les travaux du second, Lugones montre que ce « ludisme agonistique » (*agonistic playfulness*) voue nécessairement à l'échec toute tentative de voyage vers un autre monde car l'esprit qui l'anime est celui de la conquête et son objectif ultime, la volonté « d'effacer l'autre monde », de « l'assimiler » et donc de le « détruire »[2].

Dans cette interprétation « agonistique » du jeu, la part d'incertitude constitutive de toute activité ludique est elle aussi thématisée en termes de gain et de perte[3]. Dès lors, déplore Lugones, le caractère ludique du jeu est considéré comme totalement « secondaire » et le « voyageur » comme un « conquérant », voire un « impérialiste »[4]. L'incertitude qui caractérise le jeu tel qu'envisagé par Lugones est, au contraire, « ouverture à la surprise » en raison, précisément, de l'absence de règles. De fait,

> Les règles peuvent échouer à expliquer ce que nous sommes en train de faire [...] Nous ne sommes pas fixés dans une construction particulière de nous-mêmes, ce qui signifie en partie que nous sommes ouverts à notre propre construction. Nous pouvons ne pas avoir de règles comme nous pouvons en avoir, *il n'y pas de règles qui pour nous soient sacrées*. Nous ne sommes pas préoccupés par la compétence. Nous ne sommes pas attachés à une façon particulière de faire les choses.

Tel est, fondamentalement, le sens du jeu. C'est seulement en « voyageant » selon cette modalité que nous serons à même de

---

1. M. Lugones, « Playfullness, 'World'-Travelling and Loving Perception », *op. cit.*, p. 15. M. Lugones cite dans *Vérité et méthode* de Gadamer (plus particulièrement les passages consacré à la relation entre l'art et le jeu) ainsi que J. Huizinga, *Homo Ludens*, Buenos Aires, Emece Editores, 1968.

2. *Ibid.*, p. 16.

3. *Ibid.*

4. *Ibid.*

comprendre les autres. C'est en effet à ce moment-là que « nous comprenons *ce que c'est que d'être eux et ce que c'est que d'être nous-mêmes à leurs yeux* »[1]. Car « c'est seulement lorsque nous avons voyagé *mutuellement* dans les "mondes" des autres que nous devenons réellement des sujets à leurs yeux »[2]. Nous nous rendons alors compte, à travers ces pérégrinations, qu'il existe des mondes dont les habitants, bien que « victimes de perceptions arrogantes » et déshumanisés par un regard colonial qui a toujours refuser d'entreprendre ce type de voyage, sont « des êtres qui vivent, des résistants », des personnes capables de construire un projet.

Lugones part de son propre cas, qu'elle systématise : elle montre qu'en tant que femmes de couleur, immigrée d'origine hispanique et lesbienne, elle a été victime de cette perception arrogante mais qu'elle a aussi, en retour, perçu les autres selon cette même modalité. Cet « échec de l'amour » était en réalité le symptôme du refus de voyager, d'entrer dans le monde de l'autre. L'arrogance à l'œuvre dans les relations inter-personnelles fait croire que l'indépendance est la solution ; mais il s'agit là d'un leurre, explique-t-elle. Car « nous sommes incomplètes et vaines sans les autres femmes ; [nous sommes] profondément *dépendantes* des autres sans avoir à être leur esclave, leur subordonné ou leur serviteur »[3].

C'est là le sens d'une complémentarité bien comprise, qui met à égale distance asservissement et tolérance. Car en appeler à la tolérance entre les femmes, c'est « dénier la fonction créative de la différence dans nos vies », c'est rester fondamentalement en-deça du projet d'un « multiculturalisme radical » dans laquelle la différence est considéré non comme une menace mais comme « un fond doté de polarités nécessaires à partir desquelles notre créativité, inscrite dans un mouvement dialectique, peut faire des étincelles »[4].

---

1. *Ibid.*, p. 17.

2. *Ibid.* Nous soulignons. Pour une dialectique intéressante entre voyage et frontière, voir L. Ahmed, *A Border Passage : From Cairo to America. A Woman Journey*, Reprint, Penguin Books, 2012.

3. *Ibid.*, p. 6. Nous soulignons.

4. M. Lugones, « Radical Multiculturalism and Women of Colors », *Journal of Cultural and Religious Theory*, 13, 1, Winter 2014, p. 68.

On comprend alors mieux à la fois l'enjeu et la pertinence de ce que révèle l'usage de la métaphore du jeu et du voyage. Elle représente, d'abord, au niveau formel, le signe évident d'une « désobéissance épistémologique » à l'œuvre). Elle exprime de manière paradigmatique l'idée de « privilège épistémique », par lequel il faut entendre, avec Narayan, l'avantage certain qu'il y a à connaître les outils contre lesquels on se positionne (parce qu'ils nous oppriment) et à parler d'une certaine manière *en connaissance de cause*[1]. Sur le fond, la métaphore du voyage conçu comme jeu a le mérite essentiel d'incarner la volonté de passer outre la différence coloniale ou subontologique dont parlait Torres et de faire que les *sub alter* redeviennent des *alter ego* à part entière[2].

C'est précisément là que se situe le défi du « multiculturalisme radical » de Lugones, un défi qui nous permet de comprendre en quoi cette métaphore n'a rien de naïf, d'ingénu ou de candide. Car le voyage en question, c'est aussi « ce *mouvement* qui permet le passage d'une logique de l'oppression à une logique de la résistance », où les femmes indigènes, de couleur, refusent enfin d'être « appréhendés comme des animaux au sens de "dégenrées", c'est-à-dire sexuellement marquées comme femmes mais sans que leur soient reconnues les caractéristiques de la féminité »[3]. Parce que le « multiculturalisme radical » s'attache à déplacer ces frontières anthropologiques en « dé-masquant » les ressorts du multiculturalisme classique, « ornemental » (essentiellement en pensant la radicalité comme *polycentrisme*), il jette les bases d'une appréhension saine de l'ensemble des femmes, avec leurs différences et leurs particularismes, ouvrant ainsi la voie à un *care* authentiquement décolonial.

1. U. Narayan, « The Project of Feminist Epistemology : Perspectives from a Non-Western Feminist », *in* A. Bailey, Ch. Cuomo, *The Feminist Philosophy Reader*, New York, MacGraw-Hill, p. 774.

2. Voir l'introduction du présent ouvrage. Sur la distinction entre *sub alter* et *alter ego*, voir N. Maldonado Torres « Coloniality... », *op. cit.*, p. 257.

3. M. Lugones, « Radical Multiculturalism... », *op. cit.*, p. 68, 70. Nous soulignons.

*

De prime abord improbable en raison de la facilité sémantique avec laquelle la sollicitude, le soin et la vulnérabilité se laissent saisir en termes de charité (l'anti-*empowerment* par excellence), l'alliance du *care* et de la pensée décoloniale se révèle au final fondamentalement porteuse. Elle assume en effet jusqu'au bout le principe premier de la « carologie », celui d'un déplacement des frontières, en se positionnant au carrefour du pluriversel que le multiculturalisme radical, c'est-à-dire décolonial, appelle de ses vœux. C'est de ce positionnement foncièrement mobile et pourvoyeur d'empathie, sur fond de solidarité et de réciprocité, entre jeu et voyage, que viendra le salut. A charge pour toutes les femmes d'accepter de s'inscrire dans ce processus d'émancipation qui leur permettra de troquer l'arrogance contre l'amour.

ÉPILOGUE

C'est un credo qui a présidé à l'élaboration à cet ouvrage : pour espérer avoir une quelconque validité pratique, le féminisme, aujourd'hui, doit nécessairement se penser selon de nouvelles modalités qui rompent radicalement avec *tout* ce qui a prévalu jusqu'à présent.

Mais le féminisme de la frontière pensé comme rupture fondamentale n'appartient pas pour autant à la mouvance postféministe. On entend en effet par postféminisme la constellation féministe qui a émergé depuis le milieu des années 1970 et qui, peu ou prou, procède à la déconstruction du féminisme dit « traditionnel », celui de la lutte pour l'égalité des sexes. Le féminisme de la frontière, lui, est bien plus radical que la plus radicale des approches postféministes en ce qu'il ne « s'oppose » pas simplement au féminisme de première génération « blanc », occidentalo-centré mais dénonce aussi l'insuffisance des approches en termes de différence regroupées sous le label postcolonial.

Ce faisant, le féminisme de la frontière questionne la notion même de féminisme qui sous-tend l'ensemble de ces approches. A la question : « de quel féminisme parlons-nous exactement? », des réponses comme « d'un féminisme noir », d'un « féminisme dé-genré », voire d'un « féminisme qui combine les deux », lui paraissent foncièrement insatisfaisantes. Plus exactement, ces réponses semblent telles tant que les ressorts épistémologiques qui font et fondent les spécificités de chaque féminisme n'ont pas été élucidés. Et de fait, le postféminisme, tout en s'inscrivant *au-delà* du féminisme, le présuppose *sans l'interroger*.

Parce qu'il est foncièrement décolonial, le féminisme de la frontière se situe résolument *en-deçà*, c'est-à-dire dans une rupture de principe. Madina Tlostanova explique que « la postcolonialité présuppose la postmodernité, alors que la pensée et l'option décoloniales sont toujours déjà dissociées de la modernité et de la postmodernité »[1] ;

---

1. M. Tlostanova, *Learning to Unlearn, op. cit.*, p. 33.

nous pourrions y ajouter que le féminisme de la frontière est, de la même façon *et* par ailleurs, dissocié du féminisme. En un sens, le problème du féminisme de la frontière n'est pas tant le féminisme, qui ne représente finalement que la partie émergée de l'iceberg, que la matrice coloniale du pouvoir qui le rend possible et visible, c'est-à-dire la frontière – pensée comme limite et clôture.

C'est pourquoi le féminisme de la frontière se trouve être, en réalité, un féminisme *borné* (au sens kantien de la borne, comme précisé au début de cet ouvrage), un féminisme transversal qui tente de donner à voir sans figer. Cette transversalité doit se comprendre tout à la fois comme relative aux femmes et aux différents féminismes ; ce n'est pas la tolérance qui la fonde et l'anime, mais, bien plutôt, l'exigence de *dignité* pensée comme condition *sine qua non* d'un vivre-ensemble serein [1]. Le féminisme de la frontière *réhabilite* les savoirs et les vécus subalternes, préalable épistémologique totalement négligé par l'ensemble de l'approche postféministe. Même les grilles postcoloniales ne vont jamais jusque-là, en ce qu'elles appréhendent l'indigène à l'aune d'outils typiquement coloniaux ; leur lecture ne peut constituer qu'une tentative d'hybridation plus ou moins heureuse des références « centrales », « impériales » et d'une réalité périphérique ou marginale. Tlostanova et Mignolo expriment clairement cette insuffisance, expliquant qu'« on peut très bien reformuler les idées de Jacques Lacan et élaborer sur leur base de nouveaux concepts dans la veine de Homi Bhabha mais on peut également ne pas partir de Lacan mais de Gloria Anzaldua, des Zapatistes, de la cosmologie caucasienne ou du soufisme naqshbandi » [2].

Mais si le féminisme transversal récuse l'idée d'hybridation, comment pourrait-il s'accorder avec la philosophie transculturelle qu'il est censé impliquer ? Comment vivre ensemble si l'on ne se croise jamais, si l'on « coupe sans recouper » ? Le féminisme transversal appellerait-il à l'indifférence comme vecteur de la paix sociale globale ?

---

1. Sur la question de la dignité comme valeur rapportée à la Révolution tunisienne, voir Salah Mosbah, « La révolution tunisienne dans l'horizon de la globalisation capitaliste », Contretemps, 20, 1er trimestre 2014, p. 31-49.

2. *Ibid.*, p. 35.

Le fait même de poser la question n'est pas anodin : il suppose qu'il y aurait uniquement deux manières de penser le vivre-ensemble : soit la tolérance comme indifférence, soit la fusion ou l'hybridation. Or la philosophie transculturelle rejette l'un et l'autre. Elle récuse *la première* d'abord pour une raison idéologique : l'indifférence est la modalité par laquelle la *tolérance* s'est historiquement pensée et constituée au sein du paradigme libéral ; or notre grille de lecture n'est ni libérale, ni sous-tendue par l'idéal de tolérance, comme précisé dans ce qui précède.

Parce qu'elle part par ailleurs du principe de l'incommensurabilité des vécus des uns (unes) et des autres (c'est exactement le sens du concept de *double* traduction élaboré par Mignolo), la philosophie transculturelle préfère l'idéal de réciprocité à celui de métissage ou d'hybridation. En mettant tout en œuvre pour rendre leur positionnement au sein du monde intelligible par leurs vis-à-vis, les parties en présence rompent la verticalité initiale que la pensée de l'hybridation culturelle n'élucide jamais. Qu'on songe à la définition de l'hybridation en sciences sociales donnée par le théoricien argentin Nestor Garcia Canclini, spécialiste reconnu de la question. Celui-ci explique qu'il « entend par "hybridation" les processus socio-culturels dans lesquels les pratiques et autres structures discrètes, qui existaient auparavant sous une forme séparée, sont combinées pour élaborer de nouvelles structures, de nouveaux objets, de nouvelles pratiques » [1]. A la question de savoir comment ce passage devient pratiquement possible, Canclini use d'un raisonnement analogique pour expliquer qu'il faut envisager les choses en termes de « reconversion » : il s'agit de « reconvertir un héritage ou une ressource (une usine, une qualité professionnelle, un ensemble de techniques et de savoirs pour les réintégrer à de nouvelles conditions de production et de distribution ». Insistant sur le caractère processuel de l'hybridation, il prend pour exemple le cas des « mouvements indigènes qui actualisent leurs revendications en les inscrivant dans un cadre politique transnational ou en investissant

---

1. N. G. Canclini, *Hybrid Cultures. Strategies for Entering and Leaving Modernity*, translated by C. L. Chiappari, S. L. Lopez, Minneapolis, University of Minnesota Press, p. xxv.

le discours écologique et apprennent à les transmettre à travers la radio, la télévision et internet »[1].

Le propos de Canclini illustre parfaitement les limites de la notion d'hybridation. Tout se passe comme si l'objectif de l'hybridation culturelle n'était que d'œuvrer à sortir d'un quasi-anonymat des pratiques et des savoirs invisibles que pour mieux les y ramener par un processus de refonte et de rééalaboration. Dans cette « reconversion », le but n'est pas de donner à voir ce qui était non apparent, dans sa spécificité et son originalité, mais bien plutôt de se satisfaire d'un compromis, un peu comme si le seul moyen de réhabiliter ces pratiques à la marge était d'accepter qu'elles se fondent et s'adjoignent à d'autres. Mais le vivre-ensemble ainsi pensé ne saurait être viable s'il ne s'accompagne pas d'un questionnement sur la matrice du pouvoir qui a permis a certains savoirs et pratiques d'être au centre, tandis que d'autres demeuraient définitivement cantonnés à la périphérie. Sans cette déconstruction, le mot d'ordre de l'hybridation culturelle ne peut être qu'« assimile-toi pour exister »[2].

Homi Bhabha lui-même prête le flanc à la critique lorsqu'il pose l'hybridité comme vecteur de l'interculturalité, *elle-même* conçue comme *alternative au multiculturalisme* réifiant. En effet, même si Bhabha pose comme préalable à l'édification de la véritable démocratie

1. N. G. Canclini, *Hybrid Cultures. op. cit.*, p. XXVII.

2. Ce n'est pas en se contentant d'articuler postcolonialité et postmodernité, comme nous l'indiquions plus haut, que le problème sera résolu. En ce sens, le multiculturalisme « ordinaire et populaire » d'un Paul Gilroy par exemple sonne comme un vœu pieux en raison, précisément, de l'absence d'un travail de déconstruction en amont. Il ne suffit pas de convoquer les « contre-cultures de la modernité » (*L'Atlantique noir. Modernité et double conscience*, Paris, Kargo, 2003, p. 19) dans un premier temps ni, à la suite des événements du 11 septembre 2001, de penser le vivre-ensemble sur le mode de la « convivialité » contre la réification identitaire en récusant la globalisation au profit de la « planétarisation » (censée suggérer « la contingence » et le mouvement), pour que sonne l'ère de « l'humanisme post-racial », celui de la multiculture véritable qui « se manifeste par des demandes d'hospitalité, de convivialité, de tolérance, de justice et d'aide mutuelle », *Postcolonial Melancholia*, New York, Columbia University Press, 2006, p. XV, 176, 152. D'autant que l'on sait, au moins depuis Derrida, qu'hospitalité n'est pas synonyme de tolérance, loin s'en faut. Voir à ce titre notre « Identités et culture dans un monde global », Actes du Colloque « Langage, action, société », Tunis, 2009.

globale la nécessité de réécrire l'histoire de la modernité à partir de ses « marges », il conditionne cette réélaboration à l'édification d'une « culture de plus en plus *trans*nationale » [1] dans laquelle les identités se construisent par un processus d'altérité » [2], autant dire par hybridation – ce qui, précisément, donne à la « culture transnationale » ainsi spécifiée des allures d'interculturalité.

Ce glissement se donne clairement à voir lorsque Bhabha explique la nécessité d'« ouvrir la voie à la conceptualisation d'une culture *inter*nationale, fondée non sur l'exotisme ou la *diversité* des cultures, mais sur l'inscription et l'articulation de *l'hybridité* culturelle » [3]. Si réécrire l'histoire de la modernité à partir des savoirs et des récits marginaux suppose d'avoir en point de mire l'interculturalité et l'hybridation identitaire, l'on se demande comment un horizon de cet ordre pourrait ne pas jouer sur la nature de la réécriture en question et comment cette dernière, juste retour des choses, pourrait ne pas aboutir à une variante du « multiculturalisme hégémonique ». En ce sens, l'hybridité ne peut être ni plus ni moins que *condamnée* à une pensée de l'interculturalité, cette dernière ne pouvant, à son tour, prétendre concurrencer la version libérale, blanche, du multiculturalisme hégémonique [4].

---

1. H. Bhabha, *Les lieux de la culture*, Paris, Payot, 2007, p. 271. Si H. Bhabha semble thématiser la frontière, qu'il décline en lisière, interstice, marge, entre-deux, cette thématisation n'est jamais envisagée à partir d'un point de vue épistémologique, ce qui le fait relire les sources occidentales (voir par exemple le développement qu'il fait sur Mill) plutôt que lire les sources indigènes qui, elles, sont là simplement pour servir de caution.

2. H. Bhabha, *Les lieux de la culture*, op. cit., p. 273.

3. H. Bhabha, *Les lieux de la culture*, op. cit., p. 83 (traduction légèrement modifiée).

4. H. Bhabha n'est naturellement pas le seul à penser l'interculturalité comme remède au multiculturalisme défaillant. Fistetti résume bien cette approche alternative lorsqu'il explique que, « tout en reconnaissant le droit des cultures et la nécessité du respect mutuel, le multiculturalisme, à la différence de l'approche interculturaliste, n'accorde guère d'intérêt au problème des conflits entre les cultures et de leur résolution pacifique, pas plus qu'à la nécessité de construire l'unité dans la diversité », F. Fistetti, *Théories du multiculturalisme. Un parcours entre philosophie et sciences sociales*, Paris, La Découverte, 2009.

Il existe certes des tentatives stimulantes pour donner à ladite interculturalité un sens plus « subversif » en ce qu'il semble prendre en charge la question des rapports de force à l'œuvre au sein des débats classiques autour de la question multiculturelle. Celles de Sarah Song[1] et d'Avigail Eisenberg[2] sont, à ce titre, particulièrement stimulantes.

Sarah Song reconsidère ainsi de manière intéressante les cadres théoriques à l'aune desquelles les théories multiculturalistes tentent de rendre justice aux revendications des groupes dits « minoritaires ». Elle défend une approche « constructiviste »[3] fondée sur « la nature interactive et interconnecté des cultures »[4]. Cette grille de lecture offre un double intérêt. Celui, *d'abord*, de ne pas voir dans les cultures minoritaires le seul et unique problème. Song montre en effet que, de la même façon que ces dernières recèlent des « pratiques inégalitaires », les cultures occidentales majoritaires présentent des « aspects » tout aussi « inégalitaires »[5]. Loin d'être dissociées, ces deux types d'injustices, explique Song, « interagissent », ce qui nous permet de comprendre dans quelle mesure « les normes *mainstream* et les institutions façonnent les pratiques des minorités »[6] mais aussi en quoi « la culture minoritaire influence les normes de la culture majoritaire », créant ainsi un « effet boomerang » pouvant constituer une réelle menace pour les combats sur l'égalité sexuelle au sein de la société[7]. Mais défendre la circulation interculturelle a aussi cet intérêt de cesser de considérer le problème en termes de dilemme : nous n'avons pas à choisir entre le multiculturalisme ou l'égalité, d'un côté, ni entre la culture et les femmes, de l'autre : si l'égalité n'est pas réalisée au sein des cultures majoritaires, alors le principe

---

1. S. Song, *Justice, Gender, and the Politics of Multiculturalism*, Cambridge, Cambridge University Press, 2007.

2. A. Eisenberg, *Reasons of Identity. A Normative Guide to the Political and Legal Assessment of Identity Claims*, New York, Oxford University Press, 2009.

3. S. Song, *Justice, Gender*, op. cit., p. 5.

4. *Ibid.*, p. 170.

5. *Ibid.*

6. *Ibid.*

7. *Ibid.*, p. 6-7.

même de l'alternative n'a plus lieu d'être. Affirmer cela ouvre un monde de possibles ; il nous aide notamment à appréhender le problème en termes de rapports de force et de domination, en donnant à voir comment les structures institutionnelles de la « majorité » tentent de faire « diversion » pour cacher leurs propres manquements : insister sur les pratiques patriarcales des cultures minoritaires déplace stratégiquement l'attention sur ces cultures « barbares », ce qui permet d'occulter la propre faillite de la culture majoritaire [1].

Cette approche consistant à envisager la relation entre les cultures sur un mode autre que celui d'une hybridité « positive » de bon aloi, cette volonté bien réelle d'élargir le débat au niveau générique et pas simplement genré, le refus d'une conception holiste de la culture posée comme préalable au refus systématique de l'idée d'accommodement (Song critique très justement Okin sur ce point), tout ceci offre certainement un nouveau souffle au prisme multiculturaliste [2]. Néanmoins, Song ne va pas jusqu'au bout de l'alternative qu'elle propose dans la mesure où elle ne déconstruit pas suffisamment en amont la domination à l'œuvre dans les relations entre culture « majoritaire » et cultures « minoritaires » (le simple fait de s'en tenir à ces termes l'ancre dans le débat classique qu'elle prétend pourtant dépasser) mais aussi en ce qu'elle pose que la « délibération démocratique », et, plus généralement « l'approche délibérative » est à même de résoudre le problème en aboutissant à la mise en œuvre de « politiques spécifiques » [3].

Ce « retour » à la délibération prouve que les rapports de pouvoir ne sont pas pris suffisamment au sérieux et, d'une certaine manière, décrédibilise l'orientation générale du propos. Il montre une nouvelle fois que même sollicitée à l'extrême, l'interculturalité ne peut servir de fondement à une pensée qui prendrait véritablement en charge la colonialité du pouvoir.

De son côté, Eisenberg montre que les « revendications identitaires ont un rôle légitime à jouer dans le processus public de prise de

---

1. *Ibid.*, p. 7.
2. Dont S. Song se démarque par ailleurs, revendiquant l'originalité de sa démarche.
3. *Ibid.*, p. 10.

décision et doivent être prises au sérieux pour que l'on puisse parler de respect envers les personnes, considérer avec une certaine humilité les institutions dominées par la majorité (et ainsi les changer) et répondre au climat revendicatif actuel » [1]. Défendant une « approche identitaire », à rebours des multiculturalistes libéraux, mais aussi d'autres théoriciens, qu'elle juge étonnamment rétif à la question de l'identité (tels Fraser, Young ou Benhabib) [2], critiquant la rhétorique du « tout juridique », Einsenberg justifie en partie la pertinence d'une prise en compte des revendications identitaires par le fait qu'on ne peut qu'être « sceptique » [3] s'agissant de la prétendue « équité » de certaines pratiques publiques, de leur « neutralité » et de leur « impartialité » [4]. Elle montre, dans cette même perspective, que ne pas se confronter directement à la question identitaire, l'éluder ou la contourner risque de se révéler extrêmement contre-productif. Eisenberg renvoie ainsi dos à dos multiculturalisme « conservateur » ou « traditionnaliste » et multiculturalisme libéral, tous deux incapables de prendre en charge la constellation des « raisons » qui fondent l'exigence de protéger certaines pratiques culturelles. Elle en vient ainsi à récuser l'idée qu'il y aurait systématiquement une exigence d'authenticité ou de pureté qui sous-tendrait les revendications culturelles, donnant à voir que ce type de demande se justifie souvent par la nécessité d'asseoir « des pratiques de bonne gouvernance destinées à aider [ces] communautés à se perpétuer » et non par une volonté muséale de préserver lesdites cultures de la corruption [5].

Pour toutes ces raisons, l'analyse d'Eisenberg est extrêmement stimulante mais aussi, d'une certaine façon, courageuse. Néanmoins, parce qu'il ne s'intéresse qu'à la question de savoir à quelles conditions telle ou telle pratique culturelle peut être publiquement institutionnalisée, c'est-à-dire finalement, et du propre aveu de l'auteure, à la manière de faire la différence entre une authentique et une prétendue

---

1. A. Eisenberg, *Reasons of Identity, op. cit.*, p. 15.
2. *Ibid.*, p. 2.
3. *Ibid.*, p. 11.
4. *Ibid.*, p. 15.
5. *Ibid.*, p. 142.

revendication, la feuille de route alternative proposée par la théoricienne demeure prisonnière d'une exigence pragmatique qui l'empêche de creuser les présupposés des solutions qu'elle avance.

On pourrait sans doute stigmatiser cette propension *per se* à réduire la question identitaire à la bonne gestion des pratiques culturelles, interroger ce que peut signifier résoudre des conflits culturels à l'aune d'un triptyque procédure qui évalue la « pertinence » des pratiques considérées : dans quelle mesure la protection de telle pratique est-elle constitutive, au sens de nécessaire, de l'identité individuelle ; de quelle manière cette pratique a-t-elle été validée ou rejetée ; dans quelle mesure, sorte de « clause de sauvegarde », cette même pratique constitue-t-elle une menace ou une source de nuisance [1]. Mais le fond du problème n'est pas là.

Il se situe bien plutôt dans la tension entre la volonté, bien réelle, de sortir de la problématique libérale et la difficulté qu'il y a à ne pas y demeurer. Très stimulant est ainsi le fait de considérer les revendications identitaires « sans chercher à les traduire dans d'autres idiomes, comme celui du droit ou de l'intérêt, qui pourraient déformer leur sens et leur importance aux yeux de ceux qui les portent » [2]. Mais s'il semble y avoir ici une véritable volonté de sortir d'un libéralisme politique à la Rawls, celui-ci réapparaît sournoisement lorsqu'Eisenberg en vient, par exemple, à parler d'un « étalon commun » qui permettrait aux indigènes d'exprimer leurs revendications, étalon dont l'intérêt serait « d'éviter, au moins dans un premier temps, d'exacerber le sentiment selon lequel ces revendications sont véritablement incommensurables ou d'analyser les conflits en termes de valeurs irréconciliables » [3]. Nous voilà revenus à une problématique typiquement interculturelle, qui n'assume pas (plus ?) les ressorts épistémologiques de la colonialité du pouvoir.

Le double parti-pris théorique qui est le nôtre tente précisément de rendre compte de cette colonialité du pouvoir en ce qu'il se déploie conjointement sur une épistémologie/herméneutique transdisciplinaire

1. *Ibid.*, p. 91.
2. *Ibid.*
3. *Ibid.*, p. 80.

(conjugaison des savoirs des traditions et des approches) et transculturelle (qui rompt avec la monopolisation nordique et occidentale de la production du savoir et la minorisation des savoirs indigènes qui en découle), ce qui lui permet d'envisager une philosophie *authentiquement trans*culturelle. Cette dernière s'incarne dans ce que Maria Lugones, comme on a pu y faire allusion, appelle « multiculturalisme radical » ou « multiculturalisme pluricentré » mais que nous préférons nommer « démocratie transculturelle » en raison, on l'aura compris, de la charge extrêmement connotée du terme « multiculturalisme »[1].

Lugones reprend ici les analyses d'Ella Shohat et de Robert Stam qui comprennent le polycentrisme comme étant ce qui« globalise le multiculturalisme » et donc ce qui pense *au-delà des frontières*. Car à l'intérieur de la conception pluricentrée, « le monde a de nombreuses localisations et de nombreux postes d'observations possibles » non pas simplement au sens spatial mais en terme de lieux de pouvoir et de lutte. Et de fait, la *multiplicité* à l'œuvre dans le vocable fait référence à un « principe systématique de différentiation, de relation et de lien » : « aucune communauté ou partie du monde » ne saurait être « épistémologiquement privilégiée »[2].

Foncièrement décoloniale, la démocratie transculturelle, pluricentrée ou encore radicale, se démarque sur le principe du discours libéral, classique, autour des valeurs de « liberté, de tolérance et de charité ». Mais si elle pose que les rapports de pouvoir sont le dénominateur commun qui structure les histoires culturelles, toutes autant qu'elles sont, elle n'affirme en aucun cas « la pseudo-égalité des points de vue », comme le présuppose, par exemple la conception de l'interculturalité développée par Song : la démocratie transculturelle

1. Sur la notion de démocratie transculturelle, voir S. Mosbah, « Vers une trans-démocratie », dans S. Dhouib (éd.), *Démocratie, pluralisme et droits de l'homme. Perspectives transculturelles*, Paris, L'Harmattan, 2014. On trouve une version allemande de ce texte dans S. Dhouib (hg.), *Demokratie, Pluralismus und Menschenrechte. Transkulturelle Perspektiven*, Velbrück, 2014.

2. E. Shohat, R. Stam, « Contested Histories : Eurocentrism, Multiculturalism, and the Media », *in* D. T. Goldberg (ed.), *Multiculturalism : A Critical Reader*, Oxford, Blackwell, 1994, p. 300.

reconnaît et, corollairement, part de la situation et du vécu des personnes « sous-représentées, marginalisées et opprimés » à qui elle reconnaît un réel avantage : celui d'être « familier », tout à la fois, avec le centre et la périphérie (et très souvent avec de multiples centres et de multiples périphéries) et donc d'être « en réelle mesure de déconstruire les discours dominants ou étroitement nationaux » [1].

Ce faisant, la démocratie transculturelle n'invite pas charitablement ces subalternes à se fondre à un « ordre établi fondé sur la hiérarchisation des cultures » car elle ne conçoit pas les groupes minoritaires comme des « groupes d'intérêts destinés à s'agréger à un noyau préexistant » mais plutôt comme « des participants actifs au cœur d'une histoire conflictuelle partagée » qui ne cherchent pas à ce qu'on les tolère pourvu qu'ils s'assimilent mais bien plutôt à ce qu'on leur reconnaisse le droit à la dignité [2].

---

1. *Ibid.*
2. *Ibid.*

L'ASSERVISSEMENT DES FEMMES RECONSIDÉRÉ
JOHN STUART MILL AU BORD DU LIBÉRALISME CLASSIQUE

Mettant en avant, dans son *Autobiographie*, le caractère subversif et inédit du féminisme des saint-simoniens et donnant à voir l'intérêt qu'il manifeste pour leur manière d'envisager les rapports entre les deux sexes, Mill s'exprime en ces termes :

> Surtout, [écrit-il], je les estimais pour ce qui leur a attiré le plus de critiques – la hardiesse et le manque de préjugés avec lesquels ils abordaient le problème de la famille, le plus important de tous, et qui requiert davantage d'altérations fondamentales qu'aucune autre institution sociale. En proclamant l'égalité absolue des hommes et des femmes, et un ordre entièrement neuf pour ce qui est de leurs relations personnelles, les saints-simoniens, ainsi qu'Owen et Fourier, se sont acquis la reconnaissance des générations futures[1].

Parce qu'il est étonnant de constater que les féministes (essentiellement des femmes) qui étudient Mill soit ne font jamais mention de ce passage, soit le citent en y voyant une influence comme une autre alors que l'utopisme socialiste n'a *a priori* et idéologiquement parlant rien à voir avec le libéralisme millien[2], il nous est apparu

1. J. S. Mill, *Autobiographie*, trad. fr. G. Villeneuve, Paris, Aubier, 1993, p. 151-152.

2. A notre connaissance, seule Susan Okin le cite, mais en en faisant effectivement une référence parmi d'autres qui ne mérite pas d'être questionnée outre mesure. Tout se passe comme si les sympathies féministes se situaient au-delà des querelles idéologiques et que partant, toute manifestation en la matière était bonne à prendre sans autre forme de procès. L'incarnation extrême de cet état de fait est, inversement, l'appel au féminisme de Fourier pour expliquer l'attrait exercé par ses idées sur la pensée de Mill (voir G. Claeys, *Mill and Paternalism*, Cambridge, Cambridge University Press, 2013, p. 165). Plus conséquent est l'article de Michael Levin, « A Liberal Looks at Utopian Socialism in the Years of Revolution 1848-9 », *Utopian Studies*, vol. 14, n°2, 2003, p. 68-82. Indépendamment de la thèse soutenue, Levin est méthodologiquement

important de questionner la manière dont le féminisme de Mill est appréhendé *par les féministes elles-mêmes*. Une tâche d'autant plus pressante, nous semblait-il, que les assignations idéologiques, s'agissant de Mill, ne manquaient pas. Assez curieusement en effet, Mill est immanquablement qualifié de « féministe libéral » et toujours associé à une figure tout aussi emblématique de la cause des femmes, savoir Mary Wollstonecraft, *sans que cette assignation idéologique ne fasse l'objet du moindre questionnement* [1].

Ainsi, par exemple, Martha Nussbaum accole-t-elle le nom de Mill à celui de Wollstonecraft pour justifier la possibilité de concilier libéralisme et féminisme : « Comme les noms de Wollstonecraft et de Mill l'indiquent, affirme-t-elle, libéralisme et féminisme n'ont pas toujours été opposés (*at odds*) dans notre tradition philosophique » [2]. Même idée chez Rosemarie Tong pour laquelle Wollstonecraft et Mill (mais aussi Harriet Taylor) sont deux théoriciens-clés du féminisme libéral [3]. Susan Okin n'est pas en reste, puisqu'elle choisit d'intituler le chapitre consacré à Mill au sein de l'étude qu'elle mène sur la place des femmes dans la pensée politique occidentale « John Stuart Mill, féministe libéral ». De la même manière, quoique ponctuellement plus critique, Jennifer Ring s'attache à montrer « les limites

plus cohérent dans la mesure où il essaie de fonder en raison l'intérêt de Mill, somme toute inattendu pour les utopistes socialistes. Même si l'idée selon laquelle c'est le libéralisme de Mill qui en fait « un esprit authentiquement et admirablement ouvert à toutes les expériences librement consenties aux fins d'améliorer [...] la vie », le travail de Levin a au moins le mérite de questionner des sympathies doctrinales surprenantes (*ibid.*, p. 68, p. 70).

1. Keith Burgess-Jackson relève également cette propension quasi-généralisée à qualifier Mill de féministe libéral. Elle écrit en ce sens que « John Stuart Mill est largement sinon universellement considéré comme un féministe libéral. Ceci est d'autant plus étonnant que ceux qui le considèrent comme [tel] – Julia Annas, Susan Moller Okin et Leslie Goldstein, pour n'en citer que trois – sont d'éminents chercheurs », « John Stuart Mill, Radical Feminist », *Social Theory and Practice*, vol. 21, n°3, hiver 1995, p. 369.

2. M. Nussbaum, « The Future of Liberal Feminism », *Proceedings and Addresses of the American Philosophical Association*, vol. 74, 2, nov. 2000, p. 48

3. R. Tong, *Feminist Thought. A Comprehensive Introduction*, Westview Press, 1989, p. 13. John Stuart Mill et Harriet Taylor Mill, expliquent par ailleurs R. Tong, « rejoignent Wollstonecraft dans sa célébration de la rationalité », *ibid.*, p. 17.

méthodologiques du féminisme libéral » à travers son étude sur *L'Asservissement des femmes*[1]. Susan Hekman, pour sa part, voit dans ce dernier ouvrage la meilleure « illustration des principes du féminisme libéral progressiste au dix-neuvième siècle »[2]. On pourrait multiplier quasiment à l'infini les exemples de ce type.

Si la qualification de Mary Wollstonecraft comme « libérale » compte clairement parmi les innombrables injustices faites au républicanisme et participe, ce faisant, d'une défiguration systématique de son histoire, le cas de Mill, lui, sans être aussi flagrant, donne tout de même à réfléchir s'agissant du bien-fondé des critiques que les féministes elles-mêmes adressent au philosophe. L'idée que nous aimerions défendre ici est que si l'on ne peut que souscrire au fait que Mill soit libéral, ce n'est certainement pas en faisant valoir son libéralisme qu'on fait ressortir le mieux son engagement féministe.

Deux raisons essentielles sous-tendent cette thèse, que nous examinerons tour à tour. Une raison d'ordre général voire de structurelle, d'abord (I). Quoi qu'on en dise en effet, féminisme et libéralisme sont difficilement conciliables ; dès lors, les féministes (libérales ou non d'ailleurs) auraient beau jeu de dénoncer les limites du féminisme millien, alors qu'il ne pouvait décemment pas tendre vers un féminisme « substantiel » sans trahir son ancrage libéral. Une deuxième raison tient à la présence, dans la théorie de Mill, d'éléments qui peuvent permettre d'exhiber son attachement à un féminisme plus postmoderne que moderne (II), un féminisme dont l'expression la plus intéressante aujourd'hui, aussi bien conceptuellement parlant que dans ses implications pratiques, est la théorie du *care*. Il n'est pas question d'affirmer Mill est le précurseur ou, pire encore, le père du *care* : nous aimerions simplement donner à voir qu'il y a une autre façon d'appréhender son féminisme qui, dans une certaine mesure, résorbe certaines contradictions de son propos, des considérations qui avaient

---

1. J. Ring, « Mill's *The Subjection of Women* : The Methodological Limits of Liberal Feminism », *The Review of Politics*, vol. 47, 1, 1985, p. 27-44.
2. S. Hekman, « John Stuart Mill's *The Subjection of Women* : The Foundations of Liberal Feminism », *History of European Ideas*, 15 : 4-6, 1992, p. 681.

été considérées comme étant des limites ou des insuffisances par les tenants du féminisme libéral.

I

Commençons donc par l'incompatibilité foncière entre libéralisme et féminisme. On reproche au libéralisme la théorisation d'un « contrat sexuel » fondé sur la division naturelle du travail, contrat en vertu duquel les femmes seraient *au mieux* reléguées dans la sphère privée, sans possibilité d'en sortir, cantonnées aux rôles d'épouse et de mère, tandis que les hommes, eux, auraient le privilège du public. « Au mieux », car les femmes peuvent tout aussi bien être purement et simplement disqualifiées de la sphère privée, ce qui montre que la qualification de machistes que les adversaires féministes du libéralisme servent très souvent à ses chantres n'a pas de raison d'être ; car la qualification supposant un objet, et le féminin ayant proprement disparu du champ personnel et politique, l'accusation de machisme ne tient pas. Ainsi Hobbes par exemple n'est-il pas machiste lorsqu'il présente la famille comme une institution purement patriarcale ; il est simplement totalement indifférent au féminin, ce qui est, me semble-t-il, bien pire : « Le père de famille, les enfants et les serviteurs de la maison, réunis en une personne civile par la force de l'autorité paternelle, sont ce qui forme le corps d'une famille »[1]. Comme le résume parfaitement Susan Okin, « presque tous les théoriciens libéraux ont assumé d'une manière ou d'une autre le fait que l'"individu", sujet fondamental des théories, est aussi le membre mâle d'un ménage patriarcal. Ainsi n'ont-ils habituellement pas estimé nécessaire d'appliquer les principes de justice aux femmes ou aux relations entre les sexes »[2].

Dans ces conditions, que peut bien signifier l'expression « féminisme libéral » ? Il s'agit ni plus ni moins que de la doctrine

1. Th. Hobbes, *Le citoyen ou les fondements de la politique*, IX, 10, trad. fr. S. Sorbière, Paris, Garnier, 1982, p. 191.

2. S. Moller Okin, *Justice, genre et famille*, trad. fr. L. Thiaw-Po-Une, Paris, Flammarion, 2008, p. 47.

libérale classique *appliquée au féminin*. Il paraît en ce sens pour le moins difficile d'y trouver plus que ce qu'on y a mis au départ sans oser une tension herméneutique proche du grand écart théorique[1]. Dès lors, une conclusion comme celle de Susan Okin laisse le lecteur profondément songeur : après avoir donné les *satisfecits* d'usage à Mill, elle affirme que « si Mill a essayé avec ferveur de d'appliquer les principes du libéralisme aux femmes [...] son refus de questionner la famille traditionnelle et les exigences [qu'elle impose] aux femmes définissent les limites de son féminisme libéral »[2]. Même constat désabusé chez Zillah Eisenstein : « Lorsque Mill en vient à définir la division du travail entre homme et femme, époux et épouse qui, [selon lui] est [la plus] souhaitable, il adopte la division patriarcale, c'est-à-dire sexuelle, entre mâle et femelle »[3].

Sans aller jusqu'à féliciter Mill de tant de cohérence, l'on voit mal comment on pourrait lui reprocher, en la matière, son absence d'infidélités doctrinales : en quoi, en effet, le partage des rôles au sein de la sphère privée, un partage qui sonnerait la fin de la malheureuse exclusivité féminine sur la gestion du familial seraient-elles encore « libérales » ? Si Mill en vient à avouer qu'il préfère que la femme s'occupe de son foyer plutôt que de travailler à l'extérieur, ce n'est

---

1. C'est très exactement ce que montrent toutes les définitions qui peuvent être données du féminisme libéral, à l'image de celle que choisit Marion Tapper pour entamer une discussion sur la possibilité de concilier libéralisme et féminisme : « Le féminisme libéral, dès ses origines à la fin du XVIIIᵉ siècle, s'est appuyé sur deux principes : le fait que la conception libérale de l'individu doive être étendue pour inclure les femmes et le fait que ces dernières doivent être acceptées au même titre que les mêmes dans la sphère publique », « Can a Feminist Be a Liberal ? », *Australasian Journal of Philosophy*, Supplement to Vol. 64, June 1986, p. 37. Critique de cette vision des choses, relayant d'une certaine façon la problématique de l'égalité dans la différence, Trapper affirme que « le problème n'est pas simplement celui de l'inclusion ou de l'exclusion des femmes – ceci peut être contrôlé légalement – mais également un problème de spécificités et de valeurs qui sont associées aux hommes et aux femmes, structurant nos perceptions, nos croyances et nos relations sociales », *op. cit.*, p. 42.

2. S. Moller Okin, *Justice, genre et famille*, *op. cit.*, p. 230.

3. Z. Eisenstein, *The Radical Future of Liberal Feminism*, New York, Longman, 1981, p. 134.

après tout que la manifestation d'un caractère classique du libéralisme : son fondement patriarcal.

Eu égard à ce fondement patriarcal, *le mieux* que Mill puisse faire, et qu'il fait au demeurant, en bon théoricien du féminisme libéral, est de tendre vers un individualisme abstrait, c'est-à-dire de fonder son propos sur l'idée qu'une femme, en tant qu'individu, doit être capable de déterminer son rôle social avec autant de liberté qu'un homme [1]. Il s'agit là d'une revendication relativement limitée dans sa neutralité même, puisque c'est *en tant qu'individu* que la femme doit gagner sa liberté, et non en tant que femme. Outre qu'il paraît difficile d'applaudir avec enthousiasme à cette « désincarnation », il ne s'agit là, ne l'oublions pas, que d'une tension : le caractère patriarcal, tel le naturel, revient toujours au galop.

Cette promotion de l'individualisme abstrait se lit à un double niveau. Dans le *légalisme* de Mill, d'abord (1). C'est en théoricien du droit naturel, et non plus en utilitariste, que le philosophe invoque « le droit *moral* qu'ont *tous* les êtres humains de choisir leurs occupations suivant leurs préférences et à leurs propres risques, du moment qu'ils ne font aucun tort aux autres » [2]. L'incommensurabilité de ce droit, assez curieusement, est garantie par un droit politique, le droit de vote pour les femmes. Le combat millien, en effet, est essentiellement un combat pour l'octroi d'un droit. Mill considère qu'il suffit d'accorder le droit de vote à la gente féminine pour que « s'ensuive inévitablement » la résolution de tous les problèmes auxquelles celle-ci se trouvent confrontées. C'est là la ligne directrice qui traverse tout son engagement pour la cause féminine, depuis son ouvrage *L'asservissement des femmes* jusqu'à son discours à la Chambre des Communes, en passant par la correspondance qu'il échangea avec Florence Nightingale, infirmière pionnière à l'origine d'améliorations structurelles dans le domaine sanitaire et fervente féministe engagée sur le terrain. Mill, tenta sans succès, de la convaincre

---

1. Sur ce point, voir notamment A. Jaggar, « On Sexual Equality », *Ethics*, vol. 84, n°4, juillet 1974, p. 275-291.
2. J. S. Mill, *L'Asservissement des femmes*, trad. fr. M.-F. Cachin, Paris, Payot, p. 124.

de la nécessité d'appréhender le droit de vote féminin comme la Solution à toutes les injustices faites aux femmes mais celle-ci, fort rétive à l'optimisme millien en la matière, ne cessait de lui opposer la dure réalité des épouses affamées et de ces jeunes filles et femmes travaillant durement dans les ateliers, une réalité qui ne pouvait être simplement combattue par la jouissance d'un droit politique. Les femmes ont des problèmes spécifiques qui doivent être appréhendés en tant que tels.

L'individualisme abstrait de Mill se lit également (2) dans son refus de poser l'existence d'une nature proprement féminine à partir de laquelle on pourrait déterminer des rôles spécifiques pour les femmes, rôles qu'elles tiendraient à l'exclusion de toute autre activité. En effet, explique Mill, « ce qu'on appelle aujourd'hui la nature des femmes est quelque chose d'éminemment artificiel, résultant d'une répression forcée par certains côtés, et d'une stimulation contre nature par d'autres »[1]. Un peu plus loin, le philosophe renchérit : « Il y a peu de chance d'avoir une opinion raisonnable sur ce problème tant qu'on se flattera de connaître parfaitement un sujet dont ne savent absolument rien et dont il est impossible à présent que les hommes, individuellement ou collectivement, aient une connaissance suffisante pour imposer leur loi aux femmes sur ce qui est ou n'est pas leur vocation »[2]. Pour Mill en effet, le caractère est modelé par les circonstances, par « l'environnement », de sorte qu'on ne peut jamais être en mesure de distinguer ce qui est naturel de ce qui ne l'est pas.

Mais Mill ne peut aisément disqualifier le recours à l'idée de nature, précisément en raison du caractère utilitariste de son raisonnement[3]. C'est au demeurant là peut-être un des rares moments

---

1. J. S. Mill, *L'Asservissement des femmes*, I, p. 84.
2. *Ibid.*, p. 90.
3. C'est ici, précisément, que nous nous démarquons de la thèse de Keith Burgess-Jackson, qui voit en Mill un « féministe radical », récusant sa qualification, rappelons-le, comme féministe libéral. De fait, le féminisme radical, selon Burgess-Jackson, ne se contente pas, ainsi que le fait le féminisme libéral, à vouloir simplement « supprimer » les lois sexistes et à « changer les habitudes » ; bien plus ambitieux, le féminisme radical croit fondamentalement que « l'oppression dont les femmes sont victimes trouve sa source dans de multiples structures, institutions et processus sociaux, allant

où libéralisme et utilitarisme se rejoignent chez l'auteur de l'*Asservissement*. En effet, dans le chapitre 4, chapitre où il s'attache à montrer l'*intérêt* qu'il y aurait pour l'humanité à ce que les femmes s'émancipent, Mill se trouve contraint d'invoquer « l'influence morale des femmes », qu'il qualifie d'« adoucissante »[1], précisant que « celles-ci contribuent grandement à maintenir vivants les restes de l'idéal chevaleresque en encourageant les sentiments de courage et de générosité qui perpétuent sa tradition »[2]. Voilà comment la promotion de l'individualisme abstrait, via le refus de l'essentialisme, conduit Mill, en dernière instance, à retomber dans le manichéisme patriarcal classique : aux femmes la sollicitude, la propension à la moralité et à la rectitude, aux hommes la virilité et le courage chevaleresques.

La conclusion de ce premier moment s'impose d'elle-même : ce n'est pas en parlant du féminisme de Mill comme d'un féminisme

de l'éducation à l'hétérosexualité, au mariage, à la grossesse et à l'éducation des enfants », *ibid.*, p. 372. Résolument interrogatrices, foncièrement critiques, « les féministes radicales, contrairement aux féministes libérales, n'acceptent pas automatiquement les attitudes, valeurs et croyances qui existent dans la société dans la mesure où ces phénomènes peuvent eux-mêmes être le résultat de structures et processus sociaux opprimants », p. 373. Indépendamment de la façon, peut-être un peu déroutante, dont Burgess-Jackson appréhende le féminisme libéral et outre le fait que la catégorie « féminisme radical » ainsi spécifiée ait un côté « fourre-tout » (Mac Kinnon et Gilligan sont ainsi considérés comme étant des féministes radicales au même titre l'une que l'autre, p. 389, n. 16), il est tout de même extrêmement difficile de faire de Mill un féministe radical au sens d'un philosophe déconstructionniste, cherchant systématiquement à débusquer les rapports de force à l'œuvre dans la société ; à lire Burgess-Jackson, on a même parfois l'impression, au détour de certaines formulations, que Mill serait le père du *gender*, anticipant Butler et sa conception du sexe comme construction sociale. Mais l'auteur de l'*Asservissement des femmes* ne récuse pas totalement l'idée d'une nature féminine : si radicalisme il y a, pourrait-on dire, c'est précisément dans le fait d'assumer cela. Comme nous le verrons par la suite, c'est plutôt Gilligan que Butler qu'il faudrait ici convoquer à l'appui d'une certaine originalité du féminisme millien. Mais là encore, s'il finit par concéder qu'il y aurait une certaine positivité à parler de qualités typiquement féminines, Burgess-Jackson, qui cite au demeurant Gilligan, retombe dans un schéma totalement anti-*care* consistant à affirmer que « les femmes ne sont pas simplement égales aux hommes mais *supérieures* à eux », une thèse que « Mill avait déjà anticipé il y a un siècle », p. 380 (nos italiques).

1. J. S. Mill, *L'Asservissement des femmes*, p. 171.
2. *Ibid.*, p. 173.

libéral qu'on aura le plus de chance de faire ressortir l'extraordinaire richesse de son appréhension du féminin.

II

Il nous semble que la meilleure façon de rendre justice au féminisme de Mill est de comprendre la manière dont il s'inscrit à l'intérieur d'un *prisme* doctrinal, c'est-à-dire au carrefour d'un ensemble de doctrines et d'influences. Nous serions alors en présence d'un « féminisme à facettes » suivant le point de vue herméneutique à partir duquel nous nous placerions. En ce sens, le féminisme libéral de Mill ne serait qu'une variation parmi d'autres sur un même thème, exactement comme le féminisme lui-même, en tant que doctrine, se décline en un kaléidoscope de courants différents et divergents. Ainsi, même si la composition millienne peut sembler au final manquer d'harmonie en raison de variations dissonantes, il n'en demeure pas moins que de telles variations *existent* et qu'elles ont leur place à l'intérieur du système de Mill, de la même manière que les diverses interprétations du féminisme en tant que doctrine font chacune valoir un point de vue authentiquement féministe, s'accordant sur le principe mais non sur la manière d'en rendre compte.

Il est intéressant de constater, par exemple, que ce que les tenants du féminisme libéral considèrent comme étant les limites du féminisme de Mill peut aisément être interprété dans un tout autre sens. De fait, la persistance, dans son propos, d'un certain conservatisme dans la division sexuelle du travail ainsi que l'expression d'une vision traditionnelle et donc essentialiste de la femme comme naturellement douce, bienveillante et dotée de hautes qualités morales, constituent la pierre de touche d'un féminisme inédit, à mi-chemin entre l'éthique du *care* (1) et une conception républicaine de la liberté (2)[1]. En ce

---

1. Cette manière de poser le problème *s'écarte* par principe d'une problématique voisine avec laquelle on pourrait la confondre, savoir celle qui consiste à se demander à quelles conditions et dans quelle mesure care et néo-républicanisme pourraient être fondus dans une approche commune qui permettrait de parler d'une « politique du care ». Sur ce sujet précis, voir le travail de Marie Garrau, « Le care est-il soluble

sens, la contribution de Mill au féminisme ne saurait se réduire à la manifestation de revendications « simplement » égalitaristes.

1) Ce qui nous intéresse dans l'éthique du *care* n'est pas l'alternative au concept de justice qu'elle serait supposée incarner, ni même l'idée, tout aussi contestable mais qui a la peau dure, selon laquelle le *care* est une théorie élaborée *par* des femmes *pour* des femmes, encore moins son association classique au concept de *vulnérabilité*, mais bien un élément à mon sens central dont on peut trouver un écho certain au sein du féminisme de Mill, savoir l'idée selon laquelle les situations ne doivent pas être définies en terme de droit mais par la recherche d'un équilibre entre le souci de soi et le souci des autres[2]. Selon l'éthique du *care*, cet équilibre n'est pas, par définition, modélisable car la maturité morale ne doit pas être estimée à l'aune d'un standard pré-établi mais jugée par les individus eux-mêmes selon ce qu'ils considèrent, d'après leur propre expérience, comme étant ou non un progrès moral. Ce qui, naturellement, va à l'encontre de toute théorie du développement moral dont le principe serait d'assimiler systématiquement à des défauts d'autonomie toute expérience individuelle irréductible à son appréhension de la maturité morale conçue en termes de délestages et de remise en question de l'autorité.

Pour les éthiciennes du *care*, comme nous avons pu le montrer ailleurs, quoique dans une perspective autre, le combat que les féministes doivent mener ne saurait se tenir sur le terrain de la division public/privé[3]. Il ne s'agit pas de chercher à rétablir une sorte d'équilibre entre un espace initialement réservé aux hommes et un autre traditionnellement dévolu aux femmes, mais bien plutôt de travailler à concilier deux types d'investissements et d'engagements affectifs. S'ils peuvent en effet s'opposer, ils n'en revêtent pas moins tous deux

---

dans la non-domination ? », dans M. Garrau, A. Le Goff (dir.), *Politiser le* care ? *Perspectives sociologiques et philosophiques*, Paris, Le Bord de l'eau, 2012, p. 115-132.

2. Ce qui explique que ma référence ici soit, dans ce qui suivra, plus C. Gilligan que J. Tronto.

3. Voir *supra*, chapitre III, p. ???.

la *même* importance pour les femmes en ce qu'ils traduisent une responsabilité à l'égard de soi mais aussi une responsabilité à l'égard des autres, étant entendu que par « autres », les théoriciens du *care* entendent non seulement la famille et l'entourage proche, mais aussi tous ceux envers lesquels on se sent avoir une responsabilité. Comme l'explique Gilligan, commentant les réponses données par une jeune femme à une série de questions portant sur la manière d'envisager les problèmes moraux, le dilemme moral auquel cette jeune personne fait face « n'est plus comment faire respecter ses droits tout en respectant ceux des autres, mais comment "mener une vie morale faite d'obligations envers [elle]-même, [s]a famille et les gens en général" »[1].

Cette éthique de la responsabilité, qui contrebalance le juridisme classique, universaliste, général et auto-centré de la morale kantienne, trouve un large écho chez Mill, donnant à son féminisme un ancrage et une portée inédits. Pour le dire plus exactement, ce que les féministes libéraux considèrent comme une limite du féminisme de Mill, savoir l'aveu qu'il fait concernant sa préférence pour une division sexuelle du travail authentiquement traditionnelle, peut tout à fait être interprété comme une tentative de concilier le souci de soi en tant que femme et le souci des autres, ici la famille. Ainsi, quand Mill écrit que « lorsqu'une femme se marie, on peut normalement supposer qu'elle choisit de se consacrer en priorité à la direction de sa maison et à l'éducation de ses enfants pendant autant d'années de sa vie qu'il est nécessaire et qu'elle renonce, non pas à tout autre objet, ni à toute autre occupation, *mais à tout ce qui n'est pas compatible avec les exigences de cette tâche* », il traduit bien l'idée fondamentale d'un équilibre à rechercher et à établir et, corollairement la nécessité qu'il y a faire des choix et des compromis pour que l'accomplissement personnel, c'est-à-dire individuel, n'exclue pas la responsabilité envers les autres, ici la famille[2].

---

1. C. Gilligan, *Une voix différente. Pour une éthique du* care, trad. fr. A. Kwiatek, V. Nurock, Paris, Flammarion, p. 43.
2. J. S. Mill, *L'Asservissement des femmes*, *op. cit.*, p. 121.

Dès lors, l'image que Mill donne de la femme comme pleine de sollicitude envers son prochain, « douce et aimante, intuitive et douée de sens pratique », attirée par « le présent, le concret, le fait réel », « donnant le ton à la moralité publique », « prenant soin de sa maison et de ses enfants » [1] – une image dont les féministes libérales, comme on l'a vu, récusent le caractère machiste et essentialiste – est peut-être *plus* féministe que celle qui sous-tendrait le propos d'un féminisme strictement égalitariste. Le fait que Mill, malgré ses efforts, ne soit pas parvenu à éviter le recours à l'idée d'une nature féminine tient sans doute au fait qu'il croyait sincèrement en une différence essentielle entre hommes et femmes du point de vue non des capacités intellectuelles – il ne cesse d'y insister – mais de la manière de concevoir les rapports humains et les priorités existentielles. Or c'est très exactement là l'origine de l'éthique du *care*, préoccupé d'une égalité dans la différence et non d'un égalitarisme abstrait.

Plus généralement, l'utilitarisme de Mill qui apparaît dans la quatrième partie de *l'Asservissement*, et que nombre de féministes libérales ont contesté y voyant une justification de l'émancipation féminine sur la base de l'intérêt masculin [2], n'a-t-elle pas plutôt à voir avec un élément fondamental de l'éthique féministe du *care*, savoir le souci d'un équilibre à rechercher et à réaliser entre ce qui est profitable à la femme en tant qu'individu, en tant que préoccupée exclusivement d'elle-même, mais aussi en tant que responsable des autres, de son entourage mais aussi de la société ? Ce qui est intéressant, c'est que le raisonnement utilitariste de Mill peut tout à fait être appréhendé comme une manière de rendre justice à la *voix* féminine, une manière d'accompagner sa manière d'envisager les choses : c'est parce que la femme n'est pas simplement intéressée par une promotion individuelle à tout prix que cette défense et illustration de l'émancipation féminine sur une base utilitariste peut se révéler pertinente. En *lui* montrant qu'elle peut concilier ses différentes responsabilités, le souci d'elle-même et celui des autres, le propos de Mill devient

1. J. S. Mill, *L'Asservissement des femmes, op. cit.*, p. 132, 134, 174, 120.

2. Voir notamment J. Annas, « Mill and the Subjection of Women », *Philosophy*, 52, 1977, p. 179-194.

authentiquement féministe. Ainsi, en garantissant aux femmes la possibilité d'un épanouissement personnel, on dote les maris d'une compagne qui saura les écouter, les comprendre et les influencer de manière bénéfique, et l'on permet à la société « de disposer d'un plus grand nombre de personnes compétentes pour traiter les affaires humaines » [1].

2) Venons-en à présent à la deuxième composante du féminisme de Mill, savoir son ancrage dans une appréhension particulière de la liberté, à rebours de la liberté négative, classiquement libérale, savoir la conception néo-républicaine.

La manière dont Mill envisage la polygamie chez les Mormons reflète clairement, nous semble-t-il, son engagement en faveur d'une interprétation plus substantielle de la liberté, une interprétation qui ne se réduit pas à faire valoir à la capacité, tant célébrée par le libéralisme procédural, à faire des choix.

Rappelons rapidement le propos. Dénonçant « cette institution mormone » qui constitue une « infraction directe » au « principe » de liberté, il ajoute en passant cette précision fondamentale :

> Quoi qu'il en soit, écrit-il, il faut rappeler que, de la part des femmes concernées qui en paraissent les victimes, cette relation est tout aussi volontaire que dans toute autre forme d'institution matrimoniale [2].

Puis il en vient à affirmer que le sentiment de désapprobation que l'on peut avoir face à cette pratique déplorable ne saurait en aucun justifier une croisade ou une « civilisation contre [toute] communauté polygame » [3]. Il n'y a, explique Mill, qu'un seul cas d'intervention légitime : que les personnes concernées directement par ce mode de vie en appellent expressément à « l'aide des autres communautés » [4].

Il est tout à fait possible, nous semble-t-il, de lire et de reconstruire le propos millien dans une perspective républicaine, voire néo-républicaine qui donnerait à son féminisme une dimension actuelle

---

1. *Ibid.*, p. 170.
2. J. S. Mill, *De la liberté*, trad. fr. L. Lenglet, Paris, Folio-Gallimard, 1990, p. 204.
3. *Ibid.*, p. 205.
4. *Ibid.*

(et donc post moderne) dont on gagnerait à méditer la pertinence. De fait, cette insistance, *d'abord*, sur l'idée que les femmes se marient *en toute connaissance de cause* à un homme qui pourtant a déjà un certain nombre d'épouses, ou qui se destine à en avoir plusieurs, montre clairement que Mill a bien conscience que l'engagement volontaire dans tel ou tel choix, c'est-à-dire l'absence d'obstacles, ne fait pas la liberté. Ce qui empêche ces femmes mormones d'être libres alors qu'elles ne sont soumises à aucune interférence, est l'extrême indigence du panel d'opportunités mis à leur disposition, de sorte que leur choix, étant un choix par défaut, n'en est finalement pas un – d'où le sentiment d'être dominée tout en étant formellement libre. C'est très exactement ce que Mill exprime lorsqu'il affirme que c'est parce qu'« on apprend aux femmes que le mariage est la seule chose nécessaire pour elles […] [que] beaucoup d'entre elles préfèrent épouser un homme qui a beaucoup d'autres femmes à ne pas se marier du tout »[1].

Mais il y a plus. Ce qui ressort nettement du propos de Mill, c'est l'idée selon laquelle personne ne peut faire le choix de renoncer à sa liberté, *à moins d'y être contraint* : les femmes qui, se résignant à leur sort, choisissent de se marier à un homme polygame sont en situation de *vulnérabilité*. Elles ne peuvent être tenues pour *responsables* de leur acte. Etre authentiquement libre, c'est *donc* être responsable, c'est-à-dire être l'auteur d'actions qui nous représentent et donc nous engagent. Cet engagement suppose que nous ne pouvons être tenus pour *responsables* d'actions dictées par la nécessité ou la contrainte, sous quelque forme que ce soit.

On comprend alors bien mieux que Mill puisse totalement rejeter l'idée (à moins que les personnes concernées nous y invitent clairement) selon laquelle nous aurions le *devoir* d'intervenir dans les affaires mormones pour y faire respecter le principe de liberté individuelle en faisant abolir la pratique de la polygamie. Car si fonder la liberté sur la responsabilité exige d'éliminer les causes de la vulnérabilité, c'est-à-dire de faire en sorte que ceux qui étaient initialement dominés

1. J. S. Mill, *De la liberté, op. cit.*

deviennent responsables d'eux-mêmes et de leurs choix, cela ne saurait en aucun cas signifier que nous aurions le droit de juger les choix des autres que ce soit en amont ou en aval du processus de « responsabilisation » : en amont, précisément parce que les choix sont déterminés par un contexte particulier, et que l'individu ne peut, de ce fait, en être légitimement tenu pour responsable d'un « faux » choix ; en aval, en raison de l'éradication des causes de vulnérabilité, éradication qui fait que l'agent devient à proprement parler l'auteur de ses actes et qu'à ce titre, personne n'a le droit de lui en reprocher la nature et la teneur – hormis, comme l'affirme Mill, s'il accorde lui-même ce privilège à ses semblables.

On pourrait ici nous objecter que Mill récuse, un peu plus loin, l'idée que l'on puisse vouloir la servitude pour soi-même, arguant qu'il est inconcevable que l'on puisse faire le choix de ne pas être libre : « Ce n'est pas sa liberté que d'avoir la permission d'aliéner sa liberté ». Cela est vrai, mais partiellement seulement. Que dit en effet Mill ? Celui-ci nous explique que l'homme qui a accepté de se vendre comme esclave « est désormais dans une position telle *qu'on ne peut plus présumer qu'il ait délibérément choisi d'y rester* » [1]. En affirmant cela, Mill montre que le véritable problème n'est pas tant que l'homme en question soit volontairement entré en servitude, mais qu'on soit dans l'impossibilité de déterminer si ce choix, demeure, dans le temps, un choix assumé et responsable. Cela suppose deux choses. *D'abord*, que la liberté se définit, en première instance, par une situation vierge de tout élément de vulnérabilité pour qu'on puisse parler d'un choix assumé et voulu. Ensuite, et corollairement, la manière dont Mill présente les choses suppose que ce n'est pas le choix de la servitude *stricto sensu* qui, si l'on peut dire, pose problème, mais le fait qu'on ne soit jamais totalement sûr que l'individu qui se vend à un autre soit en position de « vouloir son choix » dans la durée.

---

1. *Ibid.*, p. 221-22 (nos italiques).

*

Il ne s'agit nullement ici à faire de Mill le défenseur de la polygamie, ni à en faire l'apologète de toute forme de vie dégradante. Notre propos est simplement de dire qu'on ne peut rendre compte de la manière dont Mill appréhende le féminin qu'en apposant un prisme doctrinal sur sa pensée. Ainsi, si on peut aisément imaginer la virulence avec laquelle les féministes libérales dénoncent, à juste titre au demeurant, la polygamie mormone, il n'en demeure pas moins qu'elles ne possèdent pas les outils conceptuels pour justifier et asseoir leur dénonciation : l'idéal de liberté négative dont elles se réclament est incapable d'expliquer pourquoi, tout en agissant en toute liberté, les femmes mormones n'en sont néanmoins pas libres. De la même manière, le principe de liberté individuelle, concept central de la pensée millienne, ne peut rendre compte de l'idée selon laquelle l'on n'a pas à juger les choix de vie des individus, puisqu'il évacue totalement les notions de responsabilité et de vulnérabilité. Enfin, ce que le féminisme libéral considère comme les limites du féminisme millien ne sont en réalité que les limites inhérentes au libéralisme lui-même, malheureusement incapable de penser une égalité dans la différence, à la différence de Mill lui-même dont il est possible de rapprocher l'appréhension du féminin qui est la sienne de celles des théoriciennes du *care*, en particulier Carol Gilligan.

Tunis, le 31 décembre 2015

INDEX DES NOMS PROPRES